國中會考
英語單字
2000

SCAN

QR碼線上音檔
力學習·即刷即聽

哈福

會考英語單字 2000

從 C 到 A++ 考遍天下無敵手

最適合國中生的英語學習書面世了！只要您跟著本書閱讀，英語考試輕鬆得滿分，聽說讀寫能力大躍進。

本書根據教育部課綱編著而成，國中會考必備！課綱這 2000 字很重要，無論如何，一定要背下來，因為，國中會考英文出題範圍，都在教育部課綱 2000 單字內，歷年來幾乎很少有超過這個範圍的，熟背課綱規定的單字，是會考英文高分基礎，臨場考試，答題速度才能快又精準。

為了幫助您在第一時間掌握最新的英語學習測驗資訊，本公司特聘英語考試權威以及美籍教師，密切注意國內英語教育的發展。本書完整收錄教育部頒訂的參考字彙，一字不漏，並聘請美籍教師撰寫最道地、最生活化的英語例句，以最嚴謹、專業的精神，經過反覆校對、挑選，編撰出最適合國中生程度的例句。

FORWORD

您只要熟讀此書，立即擁有最正確、最完整的英語能力。只要您是正在就讀國中的學生，這本書就是您在英語學習上必備的工具書，（國小生也可以運用此書，英語學習更早起步！）。

勤讀本書，瞬間掌握英語會考關鍵 2000 字，馬上攻克「聽力」和「閱讀」，就是要你考滿分，考遍天下無難事。國一、國二、國三·國中會考·免試入學·多益·英檢初、中級完全適用。

隨書附贈線上 MP3，由專業播音員錄製而成，配合線上 MP3 一起學習，效果加倍！

為了方便同學背誦及查閱，本書特別在公佈的 1000 個基本單字，加上 ** 標明，同學可以一目瞭然，輕鬆分辨出基本 1000 單字和常用 2000 單字的不同。

詞類說明

adj.	形容詞	n.	名詞
adv.	副詞	prep.	介係詞
aux. v.	助動詞	pron.	代名詞
conj.	連接詞	v.	動詞
interj.	感嘆詞		

編者 謹識

目錄

CONTENTS

☐ **a (an)**
n. ; adj. 一

Do you want a drink of water?
你要喝一杯水嗎？

☐ **a few**
adj. ; n. 一些

Many play Lotto, but only a few win.
玩樂透的人很多，但是贏錢者卻只有少數。

☐ **a little**
adj. ; adv. ; n. 一些

I only want a little, not a lot.
我只要一些些，不要很多。

☐ **a lot**
adj. ; adv. ; n. 很多

You have a lot of toys.
你有很多的玩具。

☐ **a.m.**
adj. ; adv. 上午

It's after 1:00 a.m. in the morning.
現在已經過了清晨一點鐘。

☐ **able**
adj. 能夠

I'm able to go with you.
我能和你一起去。

☐ **about**
prep. ; adj. 關於

What is this all about?
這是關於什麼？

☐ **above**
prep. ; adj. ; adv.
在⋯之上

Keep your head above water.
將你的頭部維持在水上的位置。

☐ **abroad**
adv. 在國外

I went abroad to Japan.
我出國去了日本。

☐ **absent**
adj. 缺席

I was not absent.
我並未缺席。

☐ **accept**
v. 接受

Please accept this gift.
請接受這份禮物。

☐ **accident**
n. 意外；事故

The accident dented his car.
這場意外把他的車撞個凹洞。

☐ **across**
prep. ; adv. 橫越；穿過

Walk across the street.
過馬路。

☐ **act**
v. 行動

Think before you act.
三思而後行。

☐ **action**
n. 行動

Actions speak louder than words.
坐而言不如起而行。

☑ active
adj. 活躍的；主動的

He is old, but active.
他雖老，但卻很活躍。

☑ activity
n. 活動

I like this activity.
我喜歡這項活動。

☑ actor
n.（男）演員

A good actor makes the part.
一位優秀的演員扮演這角色。

☑ actress
n.（女）演員

An actor will often marry an actress.
男演員通常娶女演員為妻。

☑ actually
adv. 目前來說；事實上

Actually, I didn't know that.
事實上，我不知道那件事。

☑ add
v. 增加

Don't add to my pain!
不要增加我的痛苦！

☑ address
n. 住址；稱呼

Write your address here.
把你的住址寫在這兒

☑ admire
v. 崇拜；敬佩

Sarah admires her boyfriend.
莎拉很崇拜她的男朋友。

☐ **adult**
n. 成人

You should act like an adult.
你的言行舉止應該像個大人。

☐ **advertisement**
n. 廣告

This advertisement is very creative.
這廣告相當有創意。

☐ **advice**
n. 建議

You gave a good advice
你提供了良好的建議。

☐ **advise**
v. 建議

Bankers will advise you about money.
銀行人員會提供你關於金錢的建議。

☐ **affect**
v. 影響

The poem didn't affect me.
這詩篇並未影響我。

☐ ****afraid**
adj. 害怕

Don't be afraid of the dark.
不要怕黑。

☐ ****after**
prep. ; adv. ; adj. 在…之後

We came after it started.
我們在開始進行後才來。

☐ ****afternoon**
n. ; adj. 下午

I start work in the afternoon.
我下午才開始工作。

**again
adv. 又；再

Do it again until it's right.
再做一遍，直到做對為止。

against
prep. 相對；對抗

Try your skill against mine.
試試和我不一樣的技巧。

**age
n. 年紀

Sixteen years old is a difficult age.
十六歲是個難熬的年紀。

**ago
adj. ; adv. …以前

Knights roamed the land long ago.
很久以前，騎士行從這土地呼嘯而過。

**agree
v. 同意

I will start after we agree on a price.
等我們對價格達到共識後，我就開始。

ahead
adv. 在前方

A good driver watches three cars ahead.
優良的駕駛會留意車前方三輛車的路況。

aim
v. ; n. 瞄準；目標

Take careful aim.
小心對準目標。

air
n. 空氣

Air is free.
空氣是免費的。

☑ **air conditioner**
n. 空調設施

He uses an air conditioner every day.
他每天都使用空調設備。

☑ **airlines**
n. 航線；航空公司

You can fly to Europe by different airlines.
要去歐洲，你可以飛很多航線。

☑ ****airplane** (plane)
n. 飛機

We rode in an airplane.
我們乘坐在飛機上。

☑ ****airport**
n. 機場

Be at the airport two hours early.
務必早兩個小時到達機場。

☑ **alarm**
v.；n. 警報；警報器

If you see smoke, sound the alarm.
你若看到煙霧，就響起警報器。

☑ **album**
n. 相簿

This is my photo album.
這是我的相簿。

☑ **alike**
adv.；adj. 相同；一樣

They're similar, but not exactly alike.
他們只是相似，並不完全一樣。

☑ **alive**
adj. 有生氣的；活著的

He's alive and in good health.
他不僅活著，而且身體健康。

☐ ****all**
adj. ; adv. 所有；全部

All men are created equal.
人皆生而平等。

☐ **allow**
v. 允許

We don't allow minors.
我們不考慮未成年者。

☐ ****almost**
adv. 幾乎

The movie is almost over.
電影就快結束了！

☐ **alone**
adj. ; adv. 獨處

I read when I'm alone.
我在獨處時看書。

☐ ****along**
prep. ; adv. 沿著；一起

Come along with me.
跟著我走。

☐ **aloud**
adv. 大聲地

Please say it aloud.
請大聲說。

☐ **alphabet**
n. 字母；字母表

English is based on the Roman alphabet.
英語是以羅馬字母為基礎。

☐ ****already**
adv. 已經

It's finished already.
已經完成了！

**also
adv. 也

Do you want one also?
你也想要一個嗎？

altogether
adv. 完全；全部

It's not an altogether pleasant idea.
這不盡然是個令人愉快的意見。

**always
adv. 總是；一直

It always happens to me.
這種事老是發生在我身上。

ambulance
n. 救護車

The ambulance rushed him to the hospital.
救護車將他飛快送往醫院。

**America
n. 美國

America is north of Mexico.
美國位於墨西哥之北。

**American
adj. 美國的

I want an American car.
我想要一部美國車。

among
prep. …之中（三者以上）

You're among friends.
你在朋友的環繞之下。

ancient
adj. 古代的

The fall of Rome marks the end of the ancient world.
羅馬的衰亡象徵古代的結束。

☐ ****and**
conj. 和；與

Beat the eggs and sugar together.
將蛋和糖攪拌在一起。

☐ **angel**
n. 天使

Many people believe in angels.
很多人相信天使。

☐ **anger**
n. 怒氣

Never display your anger.
切勿將你的怒氣展現出來。

☐ ****angry**
adj. 發怒的

Losing makes him angry.
失敗讓他發怒。

☐ **animal**
n. 動物

The dog is an animal.
狗是一種動物。

☐ **ankle**
n. 腳踝

My sock fell below my ankle.
我的襪子滑落腳踝之下。

☐ ****another**
adj. ; pron. 再一；另一個

Would you like another cup of tea?
還要再來一杯茶嗎？

☐ ****answer**
v. 回答；n. 答案

Please answer when you're ready.
準備好時，請回答。

☐ **ant**
n. 螞蟻

I built an ant colony for my science project.
我搭了一個螞蟻窩，作為科學計劃之用。

☐ ****any**
adj. ; pron. 任何

Is there any rice left?
是否有留下任何的米？

☐ ****anyone (anybody)**
pron. 任何人

Is anyone home?
有沒有人在家？

☐ ****anything**
pron. ; n. 任何事

You can do anything you want to.
你可以做你想做的任何事。

☐ **anywhere**
adv. 任何地方；到處

Go anywhere on the island.
到島上四處走走。

☐ ****apartment**
n. 公寓

We need a two bedroom apartment.
我們需要兩房的公寓。

☐ **apologize**
v. 道歉

Julie apologized to her mother.
茱麗跟她媽媽道了歉。

☐ ****appear**
v. 看起來；出現

You appear healthy.
你看起來很健康。

☐ ****apple**
n. 蘋果

I like the taste of apple.
我喜歡蘋果的味道。

☐ **appreciate**
v. 欣賞；感激

You appreciate the good things.
你欣賞美好的事物。

☐ ****April**
n. 四月

April showers bring May flowers.
四月雨後，就會出現五月花。

☐ **area**
n. 地區

This area is private.
這是私人空地。

☐ **argue**
v. 爭執；爭吵

Never argue with your boss.
千萬別跟你老闆吵。

☐ ****arm**
n. 手臂

He hurt his arm pitching.
他扔球時傷到了手臂。

☐ **armchair**
n. 扶手椅

He always sits in that armchair.
他總是坐在那把扶手椅上。

☐ **army**
n. 武力；軍隊

The U.S Army is attacking Iraq.
美軍正在攻擊伊拉克。

☑ ****around**
prep. ; adv. 到處

The house has grass all around it.
房子四周環繞著草地。

☑ **arrange**
v. 安排

I can arrange it for you.
我可以替你安排。

☑ ****arrive**
v. 到達

I'll arrive later.
我將會晚點到。

☑ ****art**
n. 藝術

Art work brightens the room.
藝術作品讓房間為之一亮。

☑ **artist**
n. 藝術家

Picasso was a famous artist.
畢卡索是一位知名的藝術家。

☑ ****as**
adv. ; conj. 如同

I know him as well.
我也認識他。

☑ ****ask**
v. 要求

Ask me anything you want.
有任何需要不妨開口。

☑ **asleep**
adj. 睡著的

Grandma fell asleep.
奶奶睡著了。

☐ assistant
n. 助理

My assistant makes my appointments.
我的助理替我安排約會。

☐ assume
v. 假設

I assume you will be there.
我假設你會在那裡。

☐ **at
prep. 在…

Meet me at the shopping mall.
在購物中心和我碰面。

☐ attack
v. ; n. 攻擊

Will the U.S. attack Iraq?
美國是否會攻擊伊拉克？

☐ attention
n. 注意力

Pay attention to the traffic light.
注意紅路燈。

☐ **August
n. 八月

The weather is usually warm in August.
八月的氣候通常很溫暖。

☐ **aunt
n. 姑（姨、舅、嬸、伯）母

She became my aunt when she married my uncle.
她嫁給我的舅舅（伯伯、叔叔）後，就成了我的舅媽（伯母、叔母）。

☐ **autumn (fall)
n. 秋天

In autumn, the weather turns cold.
秋天天氣轉涼。

☑ **available**
adj. 可得的；有空的

Are you available this evening?
你今晚有空嗎？

☑ **avoid**
v. 避開

Try to avoid holes in the road.
盡量避開馬路上的凹洞。

☑ ****away**
adj. ; adv. 遠離的

Get away from me!
離我遠一點！

MEMO

▶▶▶ **B** ▶▶▶

MP3-3

☑ ****baby**
n. 嬰兒

Every baby is beautiful.
每個嬰兒都很漂亮。

☐ **baby sitter**
n. 褓母

A baby sitter stays with the children.
褓母總是陪在孩子身旁。

☑ ****back**
n. 背面；adv. 向後；adj.
回來的

I'll come back later.
我稍後就回來！

☐ **backward**
adv. 後方的

Look backward!
看後面！

☑ ****bad**
adj. 壞的

Were you a good boy or a bad one?
你是好男孩？還是壞男孩？

☐ **badminton**
n. 羽毛球

Badminton is similar to tennis.
羽毛球與網球類似。

☐ ****bag**
n. 袋子

I like plastic bags with handles.
我喜歡有把手的袋子。

☐ **bake**
v. 烘烤

I can bake bread.
我會烘製麵包。

☐ ****bakery**
n. 麵包店

That bakery makes the best buns.
那家麵包店的小麵包做得最棒。

☐ **balcony**
n. 陽台

I sit on the balcony in summer.
夏天時，我坐在陽台上。

☐ ****ball**
n. 球

The child is playing a ball.
那孩子正在玩球。

☐ **balloon**
n. 氣球

The boy is crying, because he lost his balloon.
那男孩在哭，因為他的氣球飛走了。

☐ ****banana**
n. 香蕉

I eat a banana every day.
我每天吃一根香蕉。

☐ ****band**
n. 樂隊（團）

I like to listen to the band.
我喜歡聽樂隊的演唱。

☐ ****bank**
n. 銀行

I put my paycheck in this bank.
我將薪水存在這家銀行裡。

☑ **barbecue**
n. ; v. 烤肉

Americans love to barbecue in their garden.
美國人喜歡在院子裡烤肉。

☑ **barber**
n. 理髮師

The barber cut my hair too short.
理髮師把我的頭髮剪得太短。

☑ **bark**
v. 吠；n. 吠聲

That dog's bark is worse than its bite.
聽那隻狗叫，比被牠咬還恐怖。

☑ **base**
n. 基地；壘包；
v. 以 ... 為基礎

This military base is very important.
這個軍事基地是相當重要的。

☑ ****baseball**
n. 棒球

The Boston Red Socks is my favorite baseball team.
波斯頓紅襪隊是我最喜歡的棒球隊。

☑ **basement**
n. 地下室

We use the basement for storage.
我們把地下室當儲藏間。

☑ **basic**
adj. 基本的

Eating is man's basic need.
吃是人的基本需要。

☑ ****basket**
n. 籃子

A basket of fruit is a good gift.
一籃水果是不錯的禮品。

☑ **basketball**
n. 籃球

Basketball is one of the world's most popular games.
籃球是世界最受歡迎的競賽之一。

☑ **bat**
n. 蝙蝠

The bat flies at night.
蝙蝠在夜間飛翔。

☑ **bath**
n. 沐浴

A hot bath is relaxing.
洗熱水澡能放鬆身心。

☑ **bathe**
v. 泡澡

They bathe once a week..
他們一週泡一次湯。

☑ **bathroom**
n. 浴室

The bathroom is very clean.
這間浴室很乾淨。

☑ **be** (am, is, are, was, were, be, been)
v. 是

Will you be a fireman when you grow up?
你長大會當消防員嗎？

☑ **beach**
n. 海灘

I like swimming at the beach.
我喜歡在海灘游泳。

☑ **bean**
n. 豆類

The bean is a good source of protein.
豆類是良好的蛋白質來源。

☑ **bear**
n. 熊

The polar bear is white.
北極熊是白色的。

☑ **beard**
n. 鬍子

My beard itches.
我的鬍子讓我發癢。

☑ **beat**
v. 敲打

Beat the drum slowly.
慢慢地敲鼓。

☑ **beautiful**
adj. 美麗的

It's a beautiful sunset.
好一個美麗的夕陽。

☑ **beauty**
n. 美；美麗

American Beauty is an interesting film.
"美國心玫瑰情"是一部相當有意思的電影。

☑ **because**
conj. 因為

I go to the library because I love to read.
因為我愛看書，所以去圖書館。

☑ **become**
v. 變成

He becomes more and more skillful.
他的技術越來越好了。

☑ **bed**
n. 床

I sleep on a firm bed.
我睡在堅固的床上。

☑ **bedroom**
n. 寢室

My bedroom is painted blue.
我的寢室漆上藍色。

☑ **bee**
n. 蜜蜂

The bee makes honey.
蜜蜂製造蜂蜜。

☑ **beef**
n. 牛肉

Beef is the meat from a cow.
牛肉是牛的肉。

☑ **beer**
n. 啤酒

Beer is a popular adult drink.
啤酒是流行的成人飲料。

☑ **before**
prep. 在…之前

Think before you act.
三思而後行。

☑ **begin**
v. 開始

We won't begin until you get here.
我們會等你到這兒才開始。

☑ **beginner**
n. 初學者

Be generous with the beginners.
對初學者應該要寬容點。

☑ **beginning**
n. 最初

Start at the beginning.
從零開始。

☑ **behave**
v. 舉止;表現

Adults shouldn't behave like children.
成人的言行舉止不應像孩童。

☑ **behind**
prep. 在…之後

He stayed behind to finish.
他是最後的秘密武器。

☑ **believe**
v. 相信

I believe your story.
我相信你的故事（說法）。

☑ **bell**
n. 鐘

The bell rings every hour.
每小時鐘響。

☑ **belong**
v. 屬於

I belong here.
我屬於此處。

☑ **below**
prep. 在…之下

Miners work below ground.
礦工在地底下工作。

☑ **belt**
n. 帶子

She earned a black belt in Karate.
她獲頒空手道黑帶。

☑ **bench**
n. 板凳

We met sitting on a park bench.
我們在公園板凳上坐著會面。

☑ **beside**
prep. 在…之旁

A woman belongs beside her husband.
女人是丈夫的眷屬。

☑ **besides**
adv. 除了…以外，還…

This is so untrue, besides its ridiculous!
這不但可笑，還很不真實！

☑ **between**
prep. 在…之間

The best part of a sandwich is between the bread.
三明治最可口的部份就在麵包中間的餡兒。

☑ **beyond**
adv. 在…之上

What lies beyond the mountain?
山後有什麼？

☑ **bicycle (bike)**
n. 腳踏車

A bicycle has two wheels.
腳踏車有兩個輪子。

☑ **big**
adj. 大的

The boss lives in a big house.
老闆住在大房子裡。

☑ **bill**
n. 帳單；鈔票

The bill comes after the meal.
上菜後，帳單就跟著來。

☑ **biology**
n. 生物學

Mary had a good grade in biology.
瑪麗的生物成績很好。

☑ **bird**
n. 鳥

Most birds fly.
大部分的鳥都會飛。

☑ **birthday**
n. 生日

Tomorrow is my birthday party.
明天是我的生日宴會。

☑ **bite**
v. ; n. 咬

Do you want a bite of my apple?
你想要咬一口我的蘋果嗎？

☑ **bitter**
adj. 苦的

That melon has a bitter taste.
那哈密瓜有苦味。

☑ **black**
adj. 黑的 ; n. 黑色

Black is a very popular color.
黑色是受人喜愛的顏色。

☑ **blackboard**
n. 黑板

Tomorrow's assignment is on the blackboard.
明天的作業公佈在黑板上。

☑ **blame**
v. 責怪

Are you blaming me?
你是在怪我嗎？

☑ **blank**
adj. 空白的

I need blank paper for notes.
我需要空白的紙張做筆記。

☑ blanket
n. 毛毯

Wool blankets are very warm.
羊毛毯很溫暖。

☑ **blind
adj. 盲的

The blind read braille with their fingers.
盲人用手指點字閱讀。

☑ **block
n. 石塊

Masonry blocks are a common building material.
大理石是普遍的建材。

☑ blood
n. 血

Losing too much blood is dangerous.
失血過多是危險的。

☑ blouse
n. 女用上衣

A woman's shirt is called a blouse.
女用襯衫稱為 blouse。

☑ **blow
v. ; n. 吹

Blow on your soup to cool it.
吹一吹你的湯，讓它變涼。

☑ **blue
adj. ; n. 藍色（的）

The sky is blue.
天空湛藍。

☑ **boat
n. 小船

I like fishing from a boat.
我喜歡在小船上釣魚。

**body
n. 身體

Be nice to your body.
對自己的身體好一點。

boil
v. 沸騰

Please boil some water for tea.
請煮一些開水泡茶。

bomb
v. 轟炸；n. 炸彈

An Atomic bomb ended the war.
原子彈結束了戰爭。

bone
n. 骨頭

The best meat is closest to the bone.
上肉是在最接近骨頭的位置。

**book
n. 書

I've read every book in my library.
我已經讀遍書房裡的每一本書。

bookcase
n. 書櫥

I built a custom bookcase in my living room.
我在我的客廳內架了個書櫥。

**bookstore
n. 書店

I visit the bookstore every week.
我每週去書店。

**bored
adj. 感到厭煩的

Some of the classes bored me.
有些課令我厭煩。

☐ ****boring**
adj. 令人厭煩的

I walk out of boring movies.
我步出無聊的電影院。

☐ ****born**
v. 出生

I was born in Taiwan.
我在台灣出生。

☐ ****borrow**
v. 借

I always return what I borrow.
我總是有借有還。

☐ ****boss**
n. 上司；老闆

The boss is also the owner.
老闆也是業主。

☐ ****both**
adj. ; adv. 兩者…都

I tried two different fruit, and liked them both.
我試吃了兩種不同的水果，兩樣都喜歡。

☐ **bother**
v. 打擾

Stop bothering me!
別再煩我了！

☐ ****bottle**
n. 瓶子

Beer from a bottle tastes better.
瓶裝啤酒比較好喝。

☐ ****bottom**
n. 底部

I cleaned the house from top to bottom.
我將房子從頭到尾清理乾淨。

☑ **bow**
n. 蝴蝶結

She tied a pretty bow with red ribbon.
她用紅絲帶打了一個漂亮的蝴蝶結。

☑ ****bowl**
n. 碗

I ate a steaming hot bowl of soup.
我喝了一碗熱騰騰的湯。

☑ **bowling**
n. 保齡球

Bowling is a popular game.
保齡球是一種受歡迎的遊戲。

☑ ****box**
n. 箱子；盒子

The storeroom is full of boxes.
儲藏室裡堆滿了箱子。

☑ ****boy**
n. 男孩

Boys grow up to be men.
男孩長大成為男人。

☑ **branch**
n. 樹枝

He hung a swing from the tree branch.
他從樹枝上懸吊了一個鞦韆。

☑ **brave**
adj. 勇敢的

Freedom is earned by the brave.
勇者得自由。

☑ ****bread**
n. 麵包

I love freshly baked bread.
我喜歡剛出爐的麵包。

☑ ****break** v. 弄壞；打破	Be careful you don't break it. 小心不要打破。

☑ ****breakfast** n. 早餐	You should start your day with a good breakfast. 你應該吃一頓美好的早餐，開始一天的生活。

☑ **brick** n. 磚塊	Red bricks are a popular building material. 紅磚是流行的建材。

☑ ****bridge** n. 橋	The Golden Gate Bridge crosses San Francisco Bay. 金門大橋橫跨舊金山灣。

☑ ****bright** adj. 明亮的	The sunlight is bright today. 今天的陽光很明亮。

☑ ****bring** v. 帶來	Bring this gift to her party. 請帶這份禮物到她的宴會來。

☑ **broad** adj. 寬廣的	Avenues are broad streets. 大道是寬廣的街道。

☑ **broadcast** v.；n. 廣播	They showed a special broadcast last night. 昨晚他們播出了一個特別的廣播節目。

☑ **brother**
n. 兄或弟

My brother was born a year before me.
我的哥哥比我早一年出生。

☑ **brown**
adj. ; n. 棕色（的）

She carries her lunch in a brown bag.
她將她的午餐裝在棕色的袋子裡拎著。

☑ **brunch**
n. 早午餐

Sunday brunch is popular with late sleepers.
對夜貓子來說，星期日早中餐一起吃是很平常的。

☑ **brush**
v. ; n. 刷（子）

Remember to brush your teeth.
記得刷牙。

☑ **bucket**
n. 水桶

Carry the water in the bucket.
用水桶提水。

☑ **buffet**
n. 自助餐

Buffet restaurants let you eat all you want.
自助餐讓你吃到飽。

☑ **bug**
n. 蟲

He stepped on the bug.
他踩到了蟲子。

☑ **build**
v. 建造

I want to build my house.
我想要蓋自己的房子。

building
n. 建築物

That building is where I work.
那棟建築物是我工作的地方。

bun
n. 小圓麵包

I love freshly baked buns.
我喜歡剛出爐的小麵包。

bundle
n. 捆；包；束

A baby is a bundle of joy.
小嬰兒代表無數的喜悅。

burger
n. 漢堡

McDonald's makes a good burger.
麥當勞做出美味的漢堡。

**burn
v. 燃燒

Modern ships burn oil, not coal.
現代的船隻的燃料是汽油，而非煤炭。

burst
v. 破裂

The balloon burst with a loud pop.
汽球啪的一聲爆破。

**bus
n. 公車

I ride the bus to work.
我搭公車上班。

**business
n. 事業；商業

My father owned a construction business.
我父親擁有建築事業。

☐ **businessman**
n. 商人

He is a smart businessman.
他是一位腦筋靈光的商人。

☐ **busy**
adj. 忙碌的

He is as busy as a bee.
他很忙。

☐ **but**
conj. 但是

I had it, but I lost it.
我曾擁有它，但卻弄丟了！

☐ **butter**
n. 奶油

Sweet butter is good on hot rolls.
甜奶油加在溫熱的捲心糕點上很好吃。

☐ **butterfly**
n. 蝴蝶

The butterfly is the most beautiful insect.
蝴蝶是最美麗的昆蟲。

☐ **button**
n. 鈕釦 ; 按鈕

Push the button.
按一下按鈕。

☐ **buy**
v. 購買

I will buy a ring for my sweetheart.
我要替我的情人買一只戒指。

☐ **by**
prep. 在旁邊

I will wait by the tree.
我會在樹旁等候。

MP3-4

☑ **cabbage**
n. 甘藍菜

Spring rolls have cabbage in them.
春捲內包著甘藍菜。

☐ **cable**
n. 電纜

Cable TV offers variety.
有線電視提供眾多的節目。

☐ **cafeteria**
n. 餐廳

The school cafeteria serves good food.
學校的餐廳供應美食。

☐ **cage**
n. 籠子

She has a bird in a cage.
她有一隻養在籠子裡的鳥。

☐ ****cake**
n. 蛋糕

She made the birthday cake.
她做了個生日蛋糕。

☐ **calendar**
n. 日(月)曆

Many businesses give calendars.
許多商家贈送日(月)曆。

☐ ****call**
n. ; v. 電話;打電話

Mother calls me everyday.
我媽每天打電話給我。

37

calm
adj. 平靜的

I try to stay calm.
我試著保持冷靜。

**camera
n. 照相機

Digital cameras are very expensive.
數位相機很昂貴。

**camp
v. 露營；n. 帳棚

Let's go back to camp..
我們回到露營地吧。

campus
n. 校園

The College is on a small campus.
這大專的校園很小。

**can (could)
aux. v. 能夠

I can do that.
我能做那件事。

cancel
v. 取消

She will cancel the service on Monday.
她將會取消週一的勤務。

cancer
n. 癌症

Cancer kills many smokers.
癌症使許多癮君子喪命。

candle
n. 蠟燭

Candles are made from wax.
蠟燭是由蠟所製。

☑ **candy**
n. 糖果

All kids love candy.
所有的孩子都愛吃糖果。

☑ **cap**
n. 帽子

The baseball cap is very popular.
棒球帽很流行。

☑ captain
n. 船長

The captain is in charge.
船長是主導者。

☑ **car**
n. 車子

He just bought a new car.
他才剛買了新車。

☑ **card**
n. 卡片

The ace is the high card.
"A"是王牌。

☑ **care**
v. ; n. 關心

Parents care for their children.
父母關愛子女。

☑ **careful**
adj. 小心的

Drivers should be careful.
駕駛人應該小心。

☑ careless
adj. 粗心的

Careless words hurt feelings.
無心之言傷感情。

☑ **carpet**
n. 毯子

A real oriental carpet is expensive.
真正的東方地毯價格昂貴。

☑ **carrot**
n. 紅蘿蔔

Carrots grow underground.
紅蘿蔔長在地下。

☑ ****carry**
v. 攜帶

Help your mother carry the packages.
幫你母親拿行李。

☑ **cartoon**
n. 卡通

Do you still enjoy cartoons?
你還愛看卡通嗎?

☑ ****case**
n. 案子

The lawyer will handle the case.
律師會處理這案子。

☑ **cash**
n. 現金

You can pay cash.
你可以付現。

☑ **cassette**
n. 卡式錄音帶

I have that on cassette.
我把那個錄在錄音帶上。

☑ **castle**
n. 城堡

A king lives in a castle.
國王居住在城堡內。

☑ **cat**
n. 貓

Cats make good pets.
貓是好寵物。

☑ **catch**
v. 捕捉；接

Let's play catch with the ball.
咱們來玩接球。

☐ **cause**
v. 引發；導致

This accident caused his death.
這場意外奪去的他的生命。

☐ **ceiling**
n. 天花板

My room has a ceiling light.
我的房間有天花板燈。

☑ **celebrate**
v. 慶祝

We celebrate your birthday every year.
我們年年慶祝你的生日

☑ **cell phone**
n. 手機

His beeper is broken, so he's going to buy a cell phone.
他的呼叫器壞了，所以他要去買一支手機。

☑ **cent**
n. 一分錢

The American one cent coin is called a penny.
美國的一分錢稱為 1 penny。

☑ **center**
n. 中心

That roll has a cream center.
那個糕捲的夾心是奶油。

centimeter
n. 公分

One hundred centimeters make a meter.
一公尺等於一百公分。

central
adj. 中央的

Have you heard of National Central University?
你聽過中央大學嗎？

century
n. 一世紀

A century contains 100 years.
一世紀有一百年。

cereal
n. 麥片粥

I ate a bowl of cereal for breakfast.
我吃了一碗的麥片粥當早餐。

certain
adj. 確定的

Are you certain about this news?
你確定這新聞是對的？

**chair
n. 椅子

The dining room table has six chairs.
餐桌有六張椅子。

**chalk
n. 粉筆

Use chalk to write on the blackboard.
用粉筆寫在黑板上。

**chance
n. 機會

You have a chance to win.
你有機會贏。

☑ **change**
v. 變換;改變;n. 零錢

Change this bill into coins.
將這張紙鈔換成硬幣。

☑ **channel**
n. 水路;通道

The English Channel is a major shipping route.
英吉利海峽是重要的運輸航線。

☑ **character**
n. 人物

He's the leading character.
他是主角。

☑ **charge**
v. 使負責;n. 責任

He led the charge.
是他負責的。

☑ **chart**
n. 圖表;v. 繪製圖表

Grandpa can't read any charts.
爺爺不會看圖表。

☑ **chase**
v. 追逐

My dog likes to chase cats.
我的狗喜歡追逐貓。

☑ **cheap**
adj. 便宜的

Last year's models are cheap.
去年的樣式很便宜。

☑ **cheat**
v. 欺騙

Play fair, don't cheat.
公平競爭,不要作弊。

□ **check**
v. ; n. 檢查

Check to make sure it fits.
檢查是否合適。

□ **cheer**
v. ; n. 鼓舞；鼓勵

The crowd gave a cheer for the athlete.
群眾替運動員加油。

□ **cheese**
n. 乳酪

Swiss cheese has holes.
瑞士乳酪有小洞。

□ **chemistry**
n. 化學

My brother majored in chemistry.
我哥哥主修化學。

□ **chess**
n. 西洋棋

Chess is the national game in Russia.
西洋棋是俄國全國性的遊戲。

□ **chicken**
n. 雞；雞肉

I love Kentucky Fried Chicken.
我愛吃肯德雞炸雞。

□ **child**
n. 孩童

I am the only child in my family.
我是家中的獨子。

□ **childhood**
n. 童年

I miss my childhood.
我很想念我的童年時光。

childish
adj. 幼稚的

His behavior is childish, so nobody likes him.
他的行為幼稚，所以沒人喜歡他。

childlike
adj. 像孩子般的；童稚的

I enjoy her childlike innocence.
我喜歡她童稚般的純真。

chin
n. 下巴

One good punch to the chin knocked him out.
下巴的一拳，打得他滿地找牙。

**China
n. 中國

China is the world's most populated country.
中國是世界人口最多的國家。

**Chinese
adj. 中國的；n. 中文；中國人

Chinese culture is rich with tradition.
中國的文化傳統豐富。

**chocolate
n. 巧克力

I love chocolate cake.
我喜歡巧克力蛋糕。

choice
n. 選擇

Make a choice.
做個選擇。

choose
v. 挑選

You can choose any one you want.
你可以任意挑選一個你所想要的東西。

☐ ****chopsticks**
n. 筷子

Using chopsticks is easy.
用筷子很簡單。

☐ ****Christmas**
n. 聖誕節

Christmas is celebrated in December.
聖誕節在十二月慶祝。

☐ **chubby**
adj. 豐滿的

He isn't fat, just a little chubby.
他不胖，只是有一點豐滿。

☐ ****church**
n. 教堂

They were married in a church.
他們在教堂結婚。

☐ ****circle**
n. 圓圈；v. 轉圈

The letter "O" is a circle.
字母 O 是一個圓圈。

☐ ****city**
n. 城市

Washington is the capital city of the U.S..
華盛頓是美國的首都城市。

☐ **clap**
v. 拍手；n. 拍

Clap your hands if you like the performance.
如果你對表演感到滿意，請鼓掌。

☐ ****class**
n. 班級；課程；種類

I take an art class in weekends.
我在週末修了一門藝術課。

☐ **classical**
adj. 古典的

Bach is my favorite classical composer.
巴哈是我最喜歡的古典音樂作曲家。

☐ **classmate**
n. 同學

Susan is my classmate.
蘇珊是我的同學。

☐ **classroom**
n. 教室

I was in the classroom.
當時我在教室裡。

☐ **clean**
adj. 乾淨的；v. 整理收拾

Clean your plate to get dessert.
擦乾淨你的盤子，然後取點心。

☐ **clear**
v. 收拾；
adj. 乾淨的；清晰的

It's your turn to clear the table.
輪到你收拾桌子了！

☐ **clerk**
n. 店員

The clerk in the store was very helpful.
商店的店員幫了很大的忙。

☐ **clever**
adj. 巧妙的；聰明的

Her clever words avoided an argument.
她的妙語避免了一場爭吵。

☐ **climate**
n. 氣候

Hong Kong has a warm climate.
香港的氣候溫暖。

☑ ****climb**
v. 攀爬

They climbed to the top of the mountain.
他們爬到了山頂.

☑ ****clock**
n. 時鐘

That clock is five minutes fast.
那個時鐘快五分鐘。

☑ ****close**
v. 關閉；adj. 親密的

Close the window.
關窗戶。

☑ **closet**
n. 壁櫥

She has a closet full of clothes.
她有一個壁櫥裝滿了衣服。

☑ ****clothes**
n. 衣服

The clothes are still in the dryer.
衣服還在烘乾機裡。

☑ **cloud**
n. 雲

That cloud looks like a bear.
那片雲看起來像一隻熊。

☑ ****cloudy**
adj. 烏雲密佈的

It's very cloudy today.
今天真是烏雲密佈。

☑ ****club**
n. 俱樂部

They love dancing in the club.
他們喜歡在俱樂部跳舞。

coach
n. 教練；v. 訓練

The coach led his team to victory.
教練帶領他的團隊贏得勝利。

coast
n. 海岸

The seabirds fly from coast to coast.
海鳥飛越一岸又一岸。

**coat
n. 外套

I need a good, warm coat.
我需要一件質料好又溫暖的外套。

cockroach
n. 蟑螂

I don't like cockroaches.
我不喜歡蟑螂。

**coffee
n. 咖啡

Americans drink coffee.
美國人喝咖啡。

coin
n. 硬幣

He gave the child a fifty dollar coin.
他給小孩一個五十元硬幣。

**Coke
n. 可樂

Would you like a cold Coke?
你想喝一杯冰涼的可樂嗎？

**cold
adj. 寒冷的；n. 感冒

On a cold day I prefer hot tea.
天冷時，我喜歡喝熱茶。

☑ **collect**
v. 收集；取來

Please collect the test papers.
請幫我收回測驗紙。

☑ **college**
n. 大學

College comes after high school.
唸完高中後，上大學。

☑ **color**
n. 顏色

Red is my favorite color.
紅色是我最喜歡的顏色。

☑ **colorful**
adj. 色彩繽紛的

Have a colorful life!
過個多采多姿的生活！

☑ **comb**
v. 梳

Comb your hair.
梳你的頭髮。

☑ **come**
v. 來

Can you come to my party?
你能來參加我的宴會嗎？

☑ **comfortable**
adj. 舒適的

They live in a comfortable house.
他們住在舒適的房子裡。

☑ **comic**
n. 漫畫書

I like Japanese comic books.
我喜歡日本的漫畫書。

☑ **command**
v. ; n. 指揮

The captain is in command.
船長在指揮。

☑ **comment**
v. 評論 ; n. 意見

Your comment is welcome.
歡迎你提出意見。

☑ ****common**
adj. 普遍的;常見的

Cell phones are very common.
行動電話非常普遍。

☑ **company**
n. 公司

I work for a good company.
我在一家良好的公司工作。

☑ **compare**
v. 比較

Compare prices before you buy.
購買之前要比價。

☑ **complain**
v. 抱怨

If you don't complain, it won't change.
你若不抱怨,就不會有改變。

☑ **complete**
adj. 完整的;v. 使完整

I have the complete set.
我有完整的一套。

☑ ****computer**
n. 電腦

I taught myself to use a computer.
我自學電腦。

concern
n. ; v. 關心；相關

Are you concerned about me?
你關心我嗎？

confident
adj. 自信的

I'm confident of winning.
我有信心會贏。

confuse
v. 使混亂

Don't confuse the issue, it's really very simple.
不要混淆主題，它其實是非常簡單的。

congratulations
n. 恭喜

Congratulations on your graduation.
恭喜你畢業。

consider
v. 考慮

Consider all possibilities, then decide.
考慮所有的可能性，然後做決定。

considerate
adj. 體貼的

He's such a considerate boy.
他真是個體貼的男孩。

contact lens
n. 隱形眼鏡

A contact lens sits on the eyeball.
隱形眼鏡是裝貼在眼球上的。

continue
v. 繼續

Continue your classes.
繼續你的課程。

☑ **contract**
n. 合約

I read the contract carefully before I signed it.
我在簽約之前，仔細閱讀合約。

☑ **control**
v. ; n. 控制

Remain calm and control your emotions.
保持冷靜，控制你的情緒。

☑ ****convenience store**
n. 便利商店

The convenience store sells Coke.
便利商店販賣可樂。

☑ **convenient**
adj. 便利的

Living close to work is convenient.
居住的地方接近工作場所，十分便利。

☑ **conversation**
n. 對話

I love pleasant conversation with tea.
我喜歡愉悅的茶會閒聊。

☑ ****cook**
v. 煮；n. 廚師

She can cook delicious Chinese food.
她會烹煮美味的中國菜。

☑ ****cookie**
n. 餅乾

My mother gave me a cookie.
我的媽媽給我一塊餅乾。

☑ ****cool**
adj. 涼爽的；酷的

It's not really cold today, just cool.
今天天氣不算冷，只是涼爽罷了！

**copy
v. 拷貝；影印；n. 複本

I need a copy of that book.
我需要那本書的複本。

corn
n. 玉米

Corn is a tasty food.
玉米是美味的食物。

corner
n. 角落

The station is just around the corner.
車站就在轉角處。

**correct
adj. 正確的

You score two points for each correct answer.
每答對一題，你就得兩分。

**cost
v. ; n. 花費

It didn't cost much.
不會花太多錢。

cotton
n. 棉花；棉布

I'm wearing a cotton shirt.
我穿了件棉 T 恤。

**couch
n. 沙發

A couch is also called a sofa.
couch（沙發）也稱為 sofa。

cough
n. 咳嗽

I took medicine for my cough.
我服咳嗽藥。

☑ ****count**
v. 數

How high can you count in English?
你能夠用英語數到幾？

☑ ****country**
adj. ; n. 鄉村（的）；
國家（的）

Cowboys like country music.
牛仔們喜歡鄉村音樂。

☑ **couple**
n. ; v. 伴侶；一對

We make a good couple.
我們是一對佳偶。

☑ **courage**
n. 勇氣

You must face each day with courage.
你必須勇敢的面對每一天。

☑ **course**
n. 一道菜；跑道；課程

The first course of the dinner was a soup.
晚餐的第一道菜是湯。

☑ **court**
n. 法院

I won my case in traffic court.
我在交通法庭贏得官司。

☑ ****cousin**
n. 堂(表)兄(弟、姊、妹)

My aunt's daughter is my cousin.
我的阿姨的女兒是我的表姊妹。

☑ ****cover**
v. 覆蓋 ; n. 封面

Cover the food with plastic.
用塑膠蓋覆蓋食物。

☑ **cow**
n. 母牛

Milk comes from cows.
母牛是牛奶的來源。

☐ **cowboy**
n. 牛仔

American kids once loved to play Cowboys, and Indians.
美國小孩以前很喜歡玩扮牛仔和印地安人的遊戲。

☐ **crab**
n. 螃蟹

Crabs are tasty.
螃蟹肉很好吃。

☐ **crayon**
n. 蠟筆

Kids love to drawn with color crayons.
孩子們喜歡用彩色蠟筆畫圖。

☐ **crazy**
adj. 瘋狂的

Are you crazy?
你瘋啦？

☐ **cream**
n. 奶油

I like cream in my coffee.
我喜歡在咖啡中加奶油。

☐ **create**
v. 創造

A writer must create the setting.
作家必須創造場景。

☐ **credit card**
n. 信用卡

I have a Visa credit card.
我有一張 Visa 信用卡。

☑ **crime**
n. 犯罪

The police fight crime.
警察打擊犯罪。

☑ ****cross**
v. 橫過

Look before you cross the street.
過馬路之前要張望一下。

☑ **crowd**
n. 群眾

I lost you in the crowd.
我在人群中和你走失了！

☑ **crowded**
adj. 擁擠的

It took time to cross the crowded room.
通過擁擠的房間頗費時。

☑ **cruel**
adj. 殘忍的

Don't be cruel to animals.
不要虐待動物。

☑ ****cry**
v. 哭；n. 叫聲

Sad movies make me cry.
悲傷的電影令我哭泣。

☑ **culture**
n. 文化

McDonald's is part of American culture.
麥當勞是美國文化的一部份。

☑ ****cup**
n. 杯

Would you like a cup of tea？
你想要喝一杯茶嗎？

☐ **cure**
v. ; n. 治療

Modern medicine can't cure the common cold.
現代的藥無法治癒普通的感冒。

☐ **curious**
adj. 好奇的

Cats are curious by nature.
貓天生好奇。

☐ **current**
n. 河流；流；adj. 流通的

Follow the current.
跟著河流走。

☐ **curtain**
n. 窗簾

I lower the curtain at the play's end.
演奏結束，我拉下窗簾。

☐ **curve**
n. 彎曲；v. 使彎曲

Slow down for this curve.
這個彎道要減速。

☐ **custom**
n. 習慣

We do things according to custom.
我們根據習慣做事。

☐ **customer**
n. 客戶

The customer is always right.
客戶永遠是對的。

☐ ****cut**
v. ; n. 切

Please cut the meat into small pieces.
請將肉切小塊。

☑ **cute**
adj. 可愛的

Isn't she a cute little girl?
她難道不是位可愛的小女孩？

MEMO

D

MP3-5

☐ **damage**
n. ; v. 損壞

The typhoon caused great damage.
颱風造成重創。

☐ **dance**
n. 舞步；v. 跳舞

Would you like to go to the dance with me?
你要不要跟我去跳舞？

☐ **danger**
n. 危險

There is no danger to you.
不會危及到你。

☐ **dangerous**
adj. 危險的

The forest is dangerous.
森林充滿危險。

☐ **dark**
n 黑暗；adj. 黑暗的

Lions hunt in the dark.
獅子在黑暗中狩獵。

☐ **date**
n. 日期；約會

We have a concert date.
我們有個演奏會的約。

☐ **daughter**
n. 女兒

My daughter is three years old.
我的女兒三歲。

☐ **dawn**
n. 黎明

See the break of dawn!
看看黎明破曉！

☐ ****day**
n. 日；白天

The boys went fishing for the day.
男孩子們白天時去釣魚。

☐ ****dead**
adj. 死去的

They saw a dead animal at the side of the road.
他們在路邊看到一隻死掉的動物。

☐ **deaf**
adj. 聾的

He didn't hear because he's deaf.
他耳聾，聽不到。

☐ **deal**
v. 處理；n. 事件

No big deal.
沒什麼了不起。

☐ ****dear**
adj. 親愛的

She is dear to me.
她是我心所愛。

☐ **death**
n. 死

His death was an accident.
他的死是個意外。

☐ **debate**
v. ; n. 爭論

A lively debate is fun.
生動的爭論充滿樂趣。

☑ **December**
n. 十二月

Christmas comes in December.
聖誕節在十二月。

☑ **decide**
v. 決定

The judge will decide who won.
法官會判定誰勝訴。

☑ **decision**
n. 決定

The judge's decision is final.
法官的決定不可更改。

☑ **decorate**
v. 裝飾；裝潢

I asked her to decorate my apartment.
我請她為我公寓裝潢。

☑ **decrease**
v. 減少

The bugs are decreasing.
蟲害減少了。

☑ **deep**
adj. 深邃；n. 深度

The ocean is deep.
海洋深不可測。

☑ **deer**
n. 鹿

Deer are graceful animals.
鹿是優雅的動物。

☑ **degree**
n. 程度；學位

A college degree is necessary.
大學文憑是必須的。

☐ **delicious**
adj. 美味的

Chinese food is delicious.
中國食物十分美味。

☐ **deliver**
v. 運送

Pizza restaurants deliver.
比薩餐廳供應外賣。

☐ **dentist**
n. 牙醫

A visit to the dentist is never fun.
看牙醫一點也不好玩。

☐ **department**
n. 部門

I manage the toy department.
我管理玩具部門。

☐ ****department store**
n. 百貨公司

Department stores sell almost everything.
百貨公司幾乎無所不賣。

☐ **depend**
v. 依賴

You can depend on him.
你可以依賴我。

☐ **describe**
v. 描述

Describe what he looks like.
描述一下他的長相。

☐ **desert**
n. 沙漠

The desert is very hot.
沙漠十分炎熱。

☑ design
v. ; n. 設計

It's based on my design.
這是根據我的設計。

☑ desire
v. 想要

He is all that I desire.
我只想要他。

☑ **desk
n. 桌子

The desk is made of wood.
這桌子是木製的。

☑ dessert
n. 點心

After dinner we ate dessert.
我們在晚餐後吃點心。

☑ detect
v. 發現

I didn't detect any sign of wear.
我未發現任何破損的徵兆。

☑ develop
v. 培養；開發

This nation is a developed one.
這是個已開發國家。

☑ dial
v. 撥（電話）

Will you dial the phone?
你要撥電話嗎？

☑ diamond
n. 鑽石

He gave her a diamond ring.
他給她一只鑽石戒指。

☑ **diary**
n. 日記

She keeps a daily diary.
她每天寫日記。

☑ ****dictionary**
n. 字典

The dictionary is a writer's best friend.
字典是作家最好的朋友。

☑ ****die**
v. 死

Did he die in an accident?
他是死於意外嗎？

☑ **diet**
n. 節食計畫

I am on a diet.
我正在節食。

☑ **difference**
n. 不同

There's no difference.
沒差別。

☑ ****different**
adj. 不同的

He chose a different path.
他選擇不同的道路。

☑ ****difficult**
adj. 困難的

It was a difficult journey.
這是一趟艱困的旅程。

☑ **difficulty**
n. 困難

Did you have any difficulty?
你有任何困難嗎？

☑ ****dig**
v. 挖

Dig a hole here to plant the tree.
在此挖一個洞種樹。

☑ **diligent**
adj. 勤勞的

Be diligent and you'll succeed.
一勤天下無難事。

☑ **diplomat**
n. 外交官

This diplomat is very famous.
這位外交官盛名遠播。

☑ ****dining room**
n. 餐廳

We use the dining room on holidays.
我們在假日使用餐廳。

☑ ****dinner**
n. 晚餐

They enjoyed playing cards after dinner.
他們喜歡在晚餐後玩牌。

☑ **dinosaur**
n. 恐龍

Children love reading about dinosaurs.
小孩喜歡讀關於恐龍的書。

☑ **direct**
adj. 直接

It's cheaper to dial direct.
直撥電話比較便宜。

☑ **direction**
n. 方向

Which direction is north?
哪一個方向是北方？

☑ **dirty**
adj. 骯髒的

I got my shirt dirty playing ball.
我打球弄髒衣服。

☑ **disappear**
v. 消失

The magician made the coin disappear.
魔術師把硬幣變不見。

☑ **discover**
v. 發現

Columbus hoped to discover a shorter way to India.
哥倫布希望找到一條通往印度的捷徑。

☑ **discuss**
v. 討論

We need to discuss this.
我們得討論一下。

☑ **discussion**
n. 討論

You started this discussion.
這場討論是你開的頭。

☑ **dish**
n. 盤子；菜餚

Put a lot in my dish.
裝很多食物在我的盤子內。

☑ **dishonest**
adj. 不誠實的

He's dishonest.
他不誠實。

☑ **distance**
n. 距離

It's within walking distance.
在走路的距離內。

distant
adj. 遠的

This distant land is not yet developed.
這個偏遠的小島還未開化。

divide
v. 分開

Divide these into two groups.
把這些分做兩堆。

dizzy
adj. 頭昏眼花的

The ride made me dizzy.
搭乘這一趟讓我頭暈。

**do (does, did, done)
v. ; aux. v. 做

Do the best you can.
盡可能做到最好。

**doctor (Dr.)
n. 醫生；博士

The doctor said I'm healthy.
醫生說我的身體健康。

dodge ball
n. 躲避球

Playing dodge ball is fun.
打躲避球很有趣。

**dog
n. 狗

I gave the dog a bone.
他給狗一根骨頭。

**doll
n. 洋娃娃

The Barbie Doll is known around the world.
芭比娃娃聞名全球。

☑ ****dollar**
n. 元

Many countries use the dollar.
許多國家使用「元」作為錢幣的單位。

☑ **dolphin**
n. 海豚

The dolphin is not a fish.
海豚不是魚。

☑ **donkey**
n. 驢子

A donkey looks like a horse.
驢子長得像馬。

☑ ****door**
n. 門

Don't slam the door.
不要用力關門。

☑ **dot**
v. 在…上打點；n. 點

You forgot to dot the "i".
你忘了在"i"上打一點。

☑ **double**
adj. 雙倍的

Give me a double portion.
給我雙份。

☑ **doubt**
v. ; n. 懷疑

I doubt you will finish in time.
我懷疑你可以及時完成。

☑ **doughnut**
n. 甜甜圈

The doughnut shop opens early.
賣甜甜圈的很早開門。

☑ ****down**
adj. 下面的；prep. 向下

Put that down.
把那東西放下。

☑ **downstairs**
adj. ; adv. 樓下

It's downstairs, in the basement.
在樓下的地下室內。

☑ **downtown**
n. ; adj. ; adv. 商業區；鬧區

The financial district is downtown.
金融區位於鬧區內。

☑ ****dozen**
n. 一打

Doughnuts are cheaper when you buy a dozen.
甜甜圈成打購買比較便宜。

☑ **dragon**
n. 龍

The dragon is feared in the west.
西方人敬畏龍。

☑ **drama**
n. 戲劇

I liked that TV drama.
我喜歡那齣電視劇。

☑ ****draw**
v. 畫

Can you draw a clown?
你會畫小丑嗎？

☑ **drawer**
n. 抽屜

My socks are in the top drawer.
我的襪子放在抽屜的上層。

☑ **dream**
n. ; v. 夢

You were in my dream.
你在我的夢境之內。

☑ **dress**
n. 洋裝

I like that black dress.
我喜歡那件黑色的洋裝。

☑ **dresser**
n. 服裝師 ; 梳妝台

I keep it in my dresser drawer.
我把它放在我梳妝台的抽屜裡。

☑ **drink**
n. 飲料 ; v. 喝

I want a drink of water.
我想要喝水。

☑ **drive**
v. ; n. 開車 ; 兜風

I like to drive.
我喜歡開車。

☑ **driver**
n. 司機

I was a taxi driver.
我曾是一位計程車司機。

☑ **drop**
v. 丟下

The police yelled, "drop your gun!"
警察喊著:「把槍放下!」

☑ **drugstore**
n. 藥房

That drugstore also sells traditional medicines.
那間藥房也販賣傳統的藥。

drum
n. 鼓

Soldiers march to the drum beat.
士兵配合鼓聲前進。

**dry
adj. 乾燥的；v. 使 ... 乾燥

Hang the laundry out to dry.
把衣服晾在外面曬乾。

dryer
n. 烘乾機

The clothes dryer takes about an hour.
烘衣機烘乾衣服約需一小時。

duck
n. 鴨

Duck is a favorite Chinese food.
鴨肉是極受人喜愛的中國食物。

dumb
adj. 愚笨的

That was a dumb thing to do.
那是一件蠢事。

dumpling
n. 水餃

She makes tasty dumplings.
她能烹煮出美味的水餃。

**during
prep. 在…之間

Don't call during my favorite show.
別在我所喜歡的節目播放時段打電話來。

duty
n. 義務；責任

I do my duty.
我盡我的責任。

熟記單字小秘訣

一、背單字掌握「四到」！

✧ 眼到：看清楚單字的拼法、意義和詞性。

✧ 口到：大聲朗讀，熟悉單字的音韻。

✧ 手到：利用邊寫邊背的原理，多寫幾次幫助記憶。

✧ 心到：舉一反三，聯想相關字彙，以造句的方式增加印象。

二、勤查字典

✧ 意思相近的單字，需要多翻字典，多讀例句，區辨使用場合。

✧ 同義字、反義字一次記熟。

✧ 利用字首、字根方式多增加單字數量。

✧ 掌握詞性變化原則，例如許多形容詞加 ly 變成副詞。

三、製作個人秘笈

將較不熟悉的單字記在隨身小冊上，上下學途中或等人的時候可以拿出來背誦，快速充電。

四、將英語融入日常生活

除了靠參考書增加字彙外，你也可以聽英語歌學單字！準備好自己最喜歡的幾首英語歌。將英語歌詞裡的單字找出來，記錄在自己喜愛的筆記簿裡，保證你除了常用單字 2000 外，又可增加更多熟悉的字彙。

▶▶▶ **E** ▶▶▶

MP3-6

☑ ****each**
adj. ; pron. 每一

Give one to each person.
給每人一個。

☑ **eagle**
n. 老鷹

The eagle is a hunter.
老鷹是狩獵者。

☑ ****ear**
n. 耳朵

Did you wash behind your ears.
你是否清洗耳朵背後？

☑ ****early**
adj. 早的；adv. 最近地

They got up early to watch the sunrise.
他們早起是為了要看日出。

☑ **earn**
v. 賺取；謀生

College graduates earn more.
大學畢業生賺的錢更多。

☑ **earrings**
n. 耳環

Men wear earrings now.
男人現在也戴耳環。

☑ ****earth**
n. 泥土；地球

Farmers plant the seeds in the earth.
農夫將種子種在泥土裡。

☑ **ease**
n. 輕鬆

Do it at your ease.
慢慢做，別緊張。

☑ ****east**
n. ; adj. 東方（的）

The sun rises in the east.
太陽自東方升起。

☑ **Easter**
n. 復活節

Easter is a Christian holiday.
復活節是基督教的節日。

☑ ****easy**
adj. 簡單的；舒適的

Having money makes living easy.
有錢讓生活過得舒適。

☑ ****eat**
v. 吃

It's time to eat dinner.
該是吃晚餐的時候。

☑ **edge**
n. 邊

Mark is always on edge.
馬克總是一直在憤怒邊緣。

☑ **education**
n. 教育

We should look upon the education highly.
我們應該重視教育。

☑ **effort**
n. 影響；努力

With all his efforts, he finally succeeded.
盡了全力後，他終於成功了。

☑ ****egg**
n. 蛋

Chicken eggs taste good.
雞蛋好吃。

☑ ****eight**
adj. ; n. 八

Spiders have eight legs.
蜘蛛有八隻腳。

☑ ****eighteen**
adj. ; n. 十八

Americans can vote when they are eighteen.
美國人滿十八歲可以投票。

☑ **eighteenth**
adj. ; n. 第十八

My eighteenth birthday is next week.
我的十八歲生日就在下星期。

☑ ****eighth**
adj.; n. 第八

I started learning English in the eighth grade.
我在國中二年級開始學英語。

☑ ****eighty**
adj. ; n. 八十

The piano has eighty-eight keys.
鋼琴有八十八個鍵。

☑ ****either**
conj. ; adj. 兩者任一

You can choose either black or white.
你可以選擇黑或白。

☑ **elder**
adj. 年老的；年長的

He enjoys his elder years fishing.
老年的釣魚歲月，讓他樂此不疲。

☐ **elect**
v. 推選；選舉

Some states elect judges.
某些州選出法官。

☐ ****elementary school**
n. 小學

Children start elementary school at age five.
孩童從五歲開始上小學。

☐ ****elephant**
n. 大象

The elephant picks things up with its nose.
大象用鼻子撿起東西。

☐ ****eleven**
adj. ; n. 十一

Eleven plus one is a dozen.
十一加一等於十二。

☐ **electric**
adj. 電力的

Electric power makes life easier.
電力讓生活更簡單方便。

☐ **eleventh**
adj. ; n. 第十一

Why wait for the eleventh hour, do it early.
為什麼要等到第十一個小時，盡早做。

☐ ****else**
adj. ; conj. 其他的

What else do you want?
你還要其他的什麼嗎？

☐ ****e-mail**
v. ; n. (寄) 電子郵件

Remember to send me an e-mail.
記得寄封電子郵件給我。

☐ embarrass
v. ; n. 使困窘；困窘

You just embarrassed me.
你讓我好丟臉。

☐ emotion
n. 情緒；感情

Love is an emotion.
愛是一種情感。

☐ emphasize
v. 重視；強調

Emphasize your experience.
強調你的經驗。

☐ employ
v. 雇用

I decided to employ him.
我決定雇用他。

☐ empty
adj. 空的

The classroom is empty.
教室裡都沒人。

☐ **end
v. ; n. 結束

I want to end this game.
我想要結束這場遊戲。

☐ enemy
n. 敵人

He has no love for the enemy.
他對敵人絕無半點慈愛。

☐ energetic
adj. 精力充沛的

Keep yourself energetic.
隨時保持精力充沛。

☑ **energy**
n. 能量

Sugar gives you quick energy.
糖能夠快速讓你產生能量。

☑ **engine**
n. 引擎

The car engine is strong.
車子的引擎強而有力。

☑ **engineer**
n. 工程師

The engineer runs the train.
工程師讓火車開動。

☑ **English**
n. 英語；adj. 英國的

Most technical books are written in English.
許多技術類的書籍是用英文書寫。

☑ **enjoy**
v. 享受

Did you enjoy your vacation?
你的假期愉快嗎？

☑ **enough**
adj. 足夠的

Once a year is enough.
一年一次已經足夠。

☑ **enter**
v. 進入

Enter the room.
進房。

☑ **entrance**
n. 入口

The actor made a grand entrance.
這演員的入場動作不凡。

☐ **envelope**
n. 信封

Put a stamp on the envelope.
將郵票貼在信封上。

☐ **environment**
n. 環境

Clean air and water are part of the environment.
乾淨的空氣與水是環境的一部分。

☐ **envy**
n. 嫉妒；adj. 羨慕的

Envy is a sin.
嫉妒是種罪。

☐ **equal**
adj. 平等；相同

All men are created equal.
人生而平等。

☐ ****eraser**
n. 橡皮擦

My pencil has an eraser.
我的鉛筆附有橡皮擦。

☐ **error**
n. 錯誤

My error, not your fault.
錯在我，不在你。

☐ **especially**
adv. 特別地

I am especially proud of that.
我特別以那件事為榮。

☐ ****eve**
n. 前夕

Mother will cook for Chinese New Year's Eve.
農曆除夕母親會親自下廚。

☑ **even**
adj. 平等的；conj. 即使

Now we're even.
現在我們扯平了。

☑ **evening**
n. 晚間

We have a date next Friday evening.
下星期五晚上，我們有一個約會。

☐ **event**
n. 事件

The football game was a big event.
足球賽是一大盛事。

☑ **ever**
adj. ; adv. 曾經

Have you ever eaten durian?
你曾吃過榴槤嗎？

☐ **every**
adj. 每一

Every moment, I think of my father.
每一分每一刻，我都想著我的父親。

☑ **everyone** (everybody)
pron. 每個人

The rules apply equally to everyone.
規則同等地適用於每一個人。

☑ **everything**
pron. 每樣事物

A child wants everything it sees.
小孩看到什麼要什麼。

☐ **everywhere**
adj. ; adv. 每一處

He's been everywhere.
他每個地方都去過。

☐ **evil**
adj. 邪惡的

The opposite of good, is evil.
善的相反是惡。

☐ **exam**
n. 考試

She was the first to finish the exam.
她是第一個考完試的。

☐ ****example**
n. 範例；榜樣

Her actions set a fine example.
她的行為立下好榜樣。

☐ ****excellent**
adj. 極佳的；優秀的

She did an excellent job.
她的表現極佳。

☐ **except**
prep. ; v. ; conj. 除了…
以外；把 ... 排除在外

I love all fruit except bananas.
除了香蕉外，所有水果我都喜歡。

☐ **excite**
v. 使興奮

The work doesn't excite me.
工作無法振奮我。

☐ ****excited**
adj. 興奮的

The game excited me.
遊戲令我感到興奮。

☐ ****exciting**
adj. 令人興奮的

She leads an exciting life.
她的生活充滿生趣。

☑ **excuse**
v. 原諒；n. 藉口

There is no excuse for that.
那件事沒有任何的藉口。

☑ **exercise**
v. ; n. 運動；練習

Moderate exercise is good for you.
適當的運動對你有益。

☑ **exist**
v. 存在

The dinosaur doesn't exist anymore.
恐龍絕種了。

☑ **exit**
v. 出去；n. 出口

Run to the exit!
快跑到逃生出口去！

☑ **expect**
v. 預期

I never know what to expect.
我從不知該預期些什麼。

☑ **expensive**
adj. 昂貴的

This necklace is very expensive.
這條項鍊很貴。

☑ **experience**
n. 經驗；經歷

I had a different experience.
我有一個不同的經歷。

☑ **explain**
v. 解釋

Let me explain.
讓我來解釋。

☐ **express**
v. 表達；表現

He can express himself clearly.
她可以清晰的表達自我。

☐ **extra**
adj. 額外的

I want extra ketchup.
我想要額外的番茄醬。

☐ ****eye**
n. 眼睛

She has beautiful blue eyes.
她有雙美麗的藍眼睛。

MEMO

MP3-7

☐ ****face**
n. 臉；v. 面對

We must meet face to face.
我們必須見個面。

☐ ****fact**
n. 事實

Aging is a fact of life.
年老是人生的事實。

☐ ****factory**
n. 工廠

Factory jobs are boring.
工廠的職務很無聊。

☐ ****fail**
v. 失敗

You must not fail.
你不能失敗。

☐ **fair**
adj. 公平的

The big contest was fair.
大型的比賽很公平。

☐ **fall**
n. 秋天；v. 落下

Fall is my favorite season.
秋天是我最喜歡的季節。

☐ **false**
adj. 錯誤的

Your judgment is false.
你的判斷是錯的。

☑ ****family**
n. 家庭；家人

He loves his family.
他愛他的家。

☑ ****famous**
adj. 知名的

Clark Gable was a famous actor.
克拉克蓋伯是一位知名的演員。

☑ ****fan**
n. 風扇；崇拜者

She cooled herself with a fan.
她用風扇保持涼爽。

☑ **fancy**
adj. 富麗的；n. 富麗

How about that fancy car?
那輛豪華車怎樣？

☑ **fantastic**
adj. 夢幻般的；棒的

Wow! Fantastic!
哇！棒透了！

☑ **far**
adj. 遠的

How far can you run?
你能跑多快？

☑ ****farm**
n. 農場

Life on a farm is slower.
農場的生活步調比較慢。

☑ ****farmer**
n. 農夫

My grandfather was a farmer.
我的祖父是為農夫。

☑ **fashionable**
adj. 流行的

He wears a fashionable suit.
他穿了套很時髦的西裝。

☑ ****fast**
adj. ; adv. 快速的

He's a fast runner.
他跑得很快。

☑ ****fat**
n. 脂肪 ; adj. 胖的

It's more healthy to trim the fat.
減去脂肪比較健康。

☑ ****father** (dad, daddy)
n. 父親

My father works for the government.
我的父親替政府工作(我的父親是公務員)。

☑ **faucet**
n. 水龍頭

The faucet drips.
水龍頭滴水。

☑ **fault**
n. 過錯 ; v. 犯錯

It's not her fault.
不是她的錯。

☑ ****favorite**
adj. 最喜愛的

Coke is my favorite drink.
可樂是我最喜愛的飲料。

☑ **fear**
v. ; n. 恐懼 ; 害怕

I have no fear of the water.
我不怕水

☐ **February**
n. 二月

Chinese New Year is in February.
中國的新年在二月。

☐ **fee**
n. 收費

The fee is 5 bucks for each.
費用是每個人收五元。

☐ **feed**
v. 餵食

Don't feed the animals in the zoo.
不要餵食動物園的動物。

☐ **feel**
v. 感覺

Do you feel better?
你感覺好點了嗎？

☐ **feeling**
n. 感情

Actors say their lines with feeling.
演員充滿感情的說出他們的台詞。

☐ **female**
adj. ; n. 女性（的）;雌（的）

What's the sex of your puppy? Female.
你的狗是公的還是母的？母的。

☐ **fence**
n. 圍牆

They built a fence around the property.
他們在土地所有權物的周圍建造圍牆。

☐ **festival**
n. 節日；慶典

Every year we go to the festival in the park.
每年我們總會參加公園的園遊會。

☑ **fever**
n. 發燒

She's sick with a fever.
她生病發燒。

☑ ****few**
adj. 很少的

Many try, but few succeed.
試的人很多，成功者卻只有少數。

☑ ****fifteen**
adj. ; n. 十五

Fifteen is too young to date.
十五歲約會還太早。

☑ **fifteenth**
adj. ; n. 第十五

Louie the fifteenth died before his father.
路易十五世比他的父親早逝。

☑ ****fifth**
adj. ; n. 第五

The fifth caller will play the game.
第五位訪客將要玩遊戲。

☑ ****fifty**
adj. ; n. 五十

He became a grandfather at fifty.
他在五十歲時當了祖父。

☑ **fight**
n. ; v. 戰爭；打架

You have to fight for your rights.
你必須爭取自己的權益。

☑ ****fill**
v. 填充

Fill it to the top.
裝到滿。

☑ **film**
n. 軟片；電影

Digital photography is replacing film.
數位相片正在取代軟片。

☑ **final**
adj. 最終的；決定的

The decision is final.
這是最後的決定。

☑ ****finally**
adj. 最後；終於

I finally found my glasses.
我終於找到我的眼鏡了。

☑ ****find**
v. 發現；找到

Can you find us a seat?
你可以替我們找到一個座位嗎？

☑ ****fine**
adj. 安好的

I feel fine.
我感覺無恙。

☑ ****finger**
n. 手指

He got his finger caught in the door.
他的手指夾在門縫中。

☑ ****finish**
v. 完成

I want to finish the book.
我想要完成這本書。

☑ ****fire**
n. 火

Fire is useful but dangerous.
火雖然有用；但卻危險。

☐ ****first**
n. 第一 ; adj. 第一的

I won first place.
我贏得第一名。

☐ ****fish**
n. 魚

Fish is a nutritious food.
魚是營養豐富的食物。

☐ ****fisherman**
n. 漁夫

He is an expert fisherman.
他是一位專業的漁夫。

☐ **fit**
adj. 合適的

Does the shirt fit?
襯衫合身嗎?

☐ ****five**
n. ; adj. 五

I will be ready in five minutes.
我在五分鐘內就會準備好。

☐ ****fix**
v. 修理;解決

Can you fix it?
你可以解決嗎?

☐ **flag**
n. 旗子

We should respect our national flag.
我們該尊敬國旗。

☐ **flashlight**
n. 手電筒

Movie ushers carry flashlight.
電影院的帶位員拿著手電筒。

☑ **flat tire**
n. 爆胎

It took ten minutes to change the flat tire.
花了十分鐘才換掉爆掉的車胎。

☑ **flight**
n.（飛行）班次

He took a later flight.
他搭乘較晚的班次。

☑ ****floor**
n. 樓層

The dance floor was crowded.
舞池人潮眾多。

☑ **flour**
n. 麵粉

We use flour to bake bread.
我們使用麵粉烘製麵包。

☑ ****flower**
n. 花

The rose is a beautiful flower.
玫瑰是美麗的花。

☑ **flu**
n. 感冒

She catches the flu every year.
她年年感冒。

☑ **flute**
n. 笛子

The flute makes a soft, soothing sound.
笛子吹奏出輕柔、和緩的音調。

☑ ****fly**
v. 飛翔；n. 蒼蠅

Most birds fly.
大部分的鳥都會飛。

focus
v. 集中注意力；n. 焦點

You have to focus on your work.
你必須將注意力放在工作上。

fog
n. 霧

Driving in fog is dangerous.
在霧中行駛很危險。

foggy
adj. 有霧的

London is foggy tonight.
倫敦今晚有霧。

**follow
v. 追求；跟隨

You should follow your dreams.
你應該追求自己的夢想。

**food
n. 食物

Cheese is a tasty food.
起士是可口的食物。

fool
v. 愚弄；n. 笨人

It's not nice to fool a friend.
愚弄朋友不好。

foolish
adj. 愚蠢的

That was a foolish waste of time.
那簡直是不智的浪費時間。

**foot
n. 腳

He put his foot in the shoe.
他將腳放在鞋子裡。

☐ **football**
n. 足球；美式橄欖球

Football is popular around the world.
足球受全球歡迎。

☐ ****for**
prep. 為了 ...

Will you do it for me?
你會為我做嗎？

☐ ****foreign**
adj. 外國的

We visit a foreign country.
我們前往異國一遊。

☐ ****foreigner**
n. 外國人

The staff makes foreigners welcome.
全體工作人員讓外國人感到賓至如歸。

☐ ****forest**
n. 森林

The forest is scary at night.
夜晚的森林很恐怖。

☐ **forget**
v. 遺忘

Don't forget to vote.
不要忘記投票。

☐ **forgive**
v. 原諒

Please forgive my error.
請原諒我的錯誤。

☐ ****fork**
n. 叉子

Westerners use a knife and fork.
西方人使用刀叉。

☐ **form**
n. 表格；v. 形成

He filled in the form incorrectly.
他表格填得不正確。

☐ **formal**
adj. 普通；尋常的

This case is formal.
這件案子很尋常。

☐ **former**
adj. 前者的

Clinton was the former president.
柯林頓是前任總統。

☐ ****forty**
n. ; adj. 四十

She started dyeing her hair when she turned forty. .
她四十歲開始染髮。

☐ **forward**
adv. ; adj. 向前的

Look forward.
向前看。

☐ ****four**
n. ; adj. 四

It costs four dollars.
它值四元。

☐ ****fourteen**
n. ; adj. 十四

I'm fourteen years old.
我十四歲。

☐ **fourteenth**
n. ; adj. 第十四

The wedding is set for October fourteenth.
婚禮定於十月十四日。

☑ ****fourth**
n. ; adj. 第四

Americans celebrate their independence every July fourth.
每年七月四日美國人慶祝國家獨立。

☑ **fox**
n. 狐狸

I saw a fox running through the long grass.
我看見一隻狐狸在大片草原中奔跑而過。

☑ **frank**
adj. 坦白的

The discussion was frank.
這場討論很坦白。

☑ ****free**
adj. 免費的；自由的

Ice cream shops give free samples.
冰淇淋店贈送免費的樣品。

☑ **freedom**
n. 自由

I believe it is good to fight for your freedom.
我認為你爭取自己的自由是件好事。

☑ **freezer**
n. 冰箱

Meat keeps well in the freezer.
肉在冰箱內保存良好。

☑ **freezing**
adj. 寒冷的；冰凍的

It's freezing outside.
外面寒冷。

☑ **french fries**
n. 炸薯條

I love McDonald's french fries.
我喜歡麥當勞的炸薯條。

☑ ****fresh**
adj. 新鮮的

I eat fresh fruit every day.
我每天吃新鮮的水果。

☑ ****Friday**
n. 星期五

Friday is the last day of the working week.
星期五是一星期工作的最後一天。

☑ ****friend**
n. 朋友

She's a good friend.
她是一位好朋友。

☑ ****friendly**
adj. 友善的

We are friendly to strangers.
我們對陌生人很友善。

☑ **friendship**
n. 友誼

Our friendship will last forever.
我們的友誼會一直到永遠。

☑ **frighten**
v. 使吃驚；害怕

Don't frighten the child.
不要嚇到小孩。

☑ **frisbee**
n. 飛盤

My dog plays Frisbee.
我的小狗玩飛盤。

☑ **frog**
n. 青蛙

The frog lives in water.
青蛙居住在水中。

☑ ****from**
prep. 從 ...

Where do you come from?
你從何處來？

☑ ****front**
adj. 前方的；n. 額頭

I want front row tickets.
我要前排的票。

☑ ****fruit**
n. 水果

Do you like fruit?
你喜歡水果嗎？。

☑ **fry**
v. 炸

I can't eat any fried food.
我不能吃任何油炸食品。

☑ ****full**
adj. 滿的

The glass is full.
杯子是滿的。

☑ ****fun**
n. 樂趣

Learning new things is fun.
學習新事物是一種樂趣。

☑ ****funny**
adj. 有趣的

We saw a very funny movie.
我們看了一場非常有趣的電影。

☑ **furniture**
n. 家具

The furniture is polished well.
家具都被擦拭的很乾淨。

☐ **future**
n. 未來；前途

She has a bright future.
她的前途一片光明。

MEMO

▶▶▶ **G** ▶▶▶

`MP3-8`

☑ **gain**
v. 獲得；n. 收穫

Did you gain anything?
你是否獲得任何事物？

☑ ****game**
n. 遊戲

Baseball is an American game.
棒球是一種美國的遊戲。

☑ **garage**
n. 停車場；車庫

We keep two cars in our garage.
我們在車庫裡停了兩部車。

☑ ****garbage**
n. 垃圾

Take out your garbage!
把你的垃圾拿出去！

☑ **garden**
n. 花園

She has a beautiful garden.
她有一座美麗的花園。

☑ **gas**
n. 瓦斯；汽油

We use regular gas in the lawn mower.
我們的鋤草機使用普通的汽油發動。

☑ **gate**
n. 門

Lock the gate when you leave.
離開時要鎖門。

☐ **gather**
v. 聚集

The birds gather in the evening.
鳥類都在晚上聚集起來。

☐ **general**
n. 將軍；adj. 普遍的

The general is gone.
將軍死了。

☐ **generous**
adj. 慷慨的；寬大的

She is generous to a fault.
她不計較過錯。

☐ **genius**
adj. ; n, 天才（的）

What a genius!
真是個天才！

☐ **gentle**
adj. 溫柔的

She has a very gentle touch.
她有溫柔的觸摸方式。

☐ **gentleman**
n. 紳士

The gentleman was late.
這位紳士遲到。

☐ **geography**
n. 地理 (學)

Geography was an interesting subject.
地理是一門有趣的學科。

☐ **gesture**
n. 姿勢；手勢

It was a noble gesture.
這是一個高貴的姿勢。

☑ ****get**
v. 得到；變得 ...

I hope you get well soon.
我希望你早日痊癒。

☑ **ghost**
n. 鬼

The castle is haunted by a ghost.
那座城堡鬧鬼。

☑ **giant**
n. 巨人

My kid wants to see a giant.
我孩子想一睹巨人的風貌。

☑ ****gift**
n. 禮物；天賦

We exchange gifts every Christmas.
我們每年聖誕節都會交換禮物。

☑ ****girl**
n. 女孩

How old is your little girl?
你的小女兒幾歲？

☑ ****give**
v. 給予；施予

Give as much as you can.
儘可能的施予他人。

☑ ****glad**
adj. 高興的

I'm glad to know you.
我很高興認識你。

☑ ****glass**
n. 杯子

The shower door is made of frosted glass.
淋浴門採用毛玻璃製成。

☐ **glasses**
n. 眼鏡

I always wear glasses when I read.
我看書時總是戴眼鏡。

☐ ****glove**
n. 手套

Food servers wear gloves.
餐飲服務生總是戴手套。

☐ **glue**
n. 膠水

It's held together with glue.
用膠水黏合。

☐ ****go**
v. 去

Go when you can.
你能去的時候就去。

☐ **goal**
n. 目標

He needs to set a goal.
他必須設定一個目標。

☐ ****goat**
n. 山羊

A goat will eat almost anything.
山羊幾乎無所不吃。

☐ **God**
n. 上帝；神

God made the world.
上帝創造世界。

☐ **gold**
n. 黃金；adj. 金黃色的

Gold is very heavy.
黃金很重。

golden
adj. 金色的；金製的

My sister has beautiful, golden hair.
我的妹妹擁有美麗的金髮。

golf
n. 高爾夫球

I play golf every weekend.
我每週末都打高爾夫球。

**good
adj. 善良的；好的

How good is he?
他有多好？

**good-bye
(goodbye, bye)
n. 再見

See you next time. Good-bye.
下次見，再見。

goodness
n. 善良

She is known for her goodness.
她以善良聞名。

goose
n. 鵝

We ate roast goose for Christmas dinner.
我們的聖誕晚餐吃烤鵝。

government
n. 政府

At best, government is a necessary evil.
說穿了，政府是個不可或缺的黑臉角色。

**grade
v. ; n. 評分；分數

Teachers work late grading papers.
老師為了改考卷，工作到很晚。

☐ **gram**
n. 公克

How many grams do you want?
你要幾克？

☐ **granddaughter**
n. 孫女

I have a granddaughter who is six years old.
我有一位六歲大的孫女。

☐ ****grandfather**
(grandpa)
n. 祖父

My grandfather retired last year.
我的祖父去年退休。

☐ ****grandmother**
(grandma)
n. 祖母

My grandmother is a great cook.
我的祖母是一位優秀的廚師。

☐ **grandson**
n. 孫子

I'm his grandson.
我是他的孫子。

☐ **grape**
n. 葡萄

Grapes are used to make wine.
葡萄常用來製酒。

☐ ****grass**
n. 草地

I love walking barefoot in grass.
我喜歡赤腳走在青草地上。

☐ ****gray**
adj. ; n. 灰色（的）

The gray sky threatened to rain.
天空灰灰的，恐怕要下雨了。

☐ **great**
adj.；adv. 極佳的；偉大的

That's a great idea.
那是很棒的想法。

☐ **greedy**
adj. 貪心的

Don't be greedy.
勿貪。

☐ **green**
adj.；n. 綠色（的）

I welcome the green leaves of summer.
我樂見夏天的綠葉。

☐ **greet**
v. 打招呼

We greet every new employee warmly.
我們向每一位新員工熱情的打招呼。

☐ **ground**
n. 地

He started on the ground floor.
他從一樓開始。

☐ **group**
n. 團體；組

She is a member of our group.
她是我們這一組的一份子。

☐ **grow**
v. 生長

We watched the corn grow.
我們看著玉米生長。

☐ **guard**
v.；n. 守衛

The guard is very alert.
守衛的警覺性很高。

☐ **guava**
n. 芭樂

Guava juice is my favorite tropical drink.
芭樂汁是我最喜歡的熱帶飲料。

☐ ****guess**
n. ; v. 猜測

Guess who's coming to dinner?
猜一猜誰要來吃晚餐？

☐ **guest**
n. 客人

He's always a welcome guest.
他一直是受歡迎的客人。

☐ **guide**
n. ; v 引導

Guide dogs help the blind.
導盲犬協助盲人。

☐ **guitar**
n. 吉他

I can play the guitar.
我會彈吉他。

☐ **gun**
n. 槍

The police carry guns.
警察攜帶槍枝。

☐ **guy**
n. 傢伙；人

Is this the guy?
是這傢伙嗎？

☐ **gym**
n. 體育館

I work out in the gym.
我在體育館健身。

☐ **habit**
n. 習慣

Smoking is a bad habit.
吸煙是惡習。

☐ **hair**
n. 頭髮

She has shiny, black hair.
她有一頭閃亮、烏黑的秀髮。

☐ **hair dresser**
n. 美髮師

She's a good hairdresser.
她是一位優秀的美髮師。

☐ **haircut**
n. 髮型

I just got a haircut!
我剛去剪頭髮！

☐ **half**
n. ; adj. 一半

I ate half a sandwich.
我吃了半個三明治。

☐ **hall**
n. 大廳

His office is down this hall.
他的辦公室就在大廳的下面。

☐ **Halloween**
n. 萬聖節

Everyone dressed up on Halloween.
人人在萬聖節盛裝。

☐ ****ham**
n. 火腿

I had a ham and cheese sandwich.
我吃了一個火腿起士三明治。

☐ ****hamburger**
n. 漢堡

I want onions on my hamburger.
我想要在我的漢堡上加洋蔥。

☐ **hammer**
n. 槌子

The hammer is a basic tool.
槌子是基本的工具。

☐ ****hand**
v. 交給；傳遞；n. 手

Please hand me the salt.
請把鹽傳給我。

☐ **handkerchief**
n. 手帕

He wiped it up with his handkerchief.
他用他的手帕擦抹乾淨。

☐ **handle**
n. 把手；v. 處理

Carry it by the handle.
握住手把拎著。

☐ ****handsome**
adj. 英俊的

He's as handsome as a movie star.
他像電影明星一樣英俊。

☐ **hang**
v. 掛

Hang your coat here.
把外套掛在這。

☑ **hanger**
n. 掛鉤

I used a hanger to hang my coat in the closet.
我用掛鉤將外套掛在衣櫥裡。

☑ ****happen**
v. 發生

It will happen soon.
很快就會發生。

☑ ****happy**
adj. 快樂的

I am very happy to meet you.
我很樂於見到你。

☑ ****hard**
adj. 堅硬的；adv. 努力地

Oak is a hard wood.
橡木是堅硬的木材。

☑ **hardly**
adv. 幾乎不

I can hardly believe my eyes.
我幾乎無法相信我的眼睛。

☑ ****hard-working**
adj. 努力的；勤奮的

He is a hard-working man.
他是個勤奮的人。

☑ ****hat**
n. 帽子

Military men must wear a hat.
軍人必須戴帽子。

☑ ****hate**
v. 憎恨

I hate getting up early.
我討厭早起。

☐ **have** (has, had)
v. 有

I have one of those.
我有這些其中的一個。

☐ **he** (him, his, himself)
pron. 他

John said he wants it.
約翰說他要。

☐ **head**
n. 頭部；頂端

Daddy sits at the head of the table.
爹地坐在桌子的首位上。

☐ **headache**
n. 頭痛

She often gets bad headaches.
她經常頭痛得厲害。

☐ **health**
n. 健康

Good health is priceless.
良好的健康無價。

☐ **healthy**
adj. 健康的

She has a healthy lifestyle.
她的生活方式很健康。

☐ **hear**
v. 聽

Can you hear the phone?
你能聽電話嗎？

☐ **heart**
n. 心臟；核心

Get to the heart of the matter.
說重點。

☑ **heat**
v. ; n. 加熱；熱度

Please heat that for me.
請替我把那東西加熱。

☑ **heater**
n. 火爐

The heater made the room comfortable.
火爐使房間很舒適。

☑ **heavy**
adj. 沈重的

Lead is almost as heavy as gold.
鉛和金幾乎一樣重。

☑ **height**
n. 高度；頂點

He's at the height of his of his career.
他正處於事業生涯的巔峰。

☑ **helicopter**
n. 直昇機

The helicopter flew straight up.
直昇機可以直接升空。

☑ **hello**
interj. ; v. ; n. 哈囉

Hello, it's good to see you.
哈囉！看到你真好！

☑ **help**
v. ; n. 幫助

May I help you？
有什麼需要我幫忙的嗎？

☑ **helpful**
adj. 有幫助的

Her advice was helpful.
她的建議頗有助益。

hen
n. 母雞

That hen lays big eggs.
那隻母雞下巨蛋。

**here
adv. 這裡

Here comes the bus.
公車來了。

hero
n. 英雄

He's my favorite movie hero.
他是我最喜歡的電影英雄。

hey
interj. 喂；嘿

Calling out, "Hey you!" is rude.
大叫，「喂，你！」很不禮貌。

**hi
interj. 嗨！

I just called to say hi.
我只是打電話來問好。

**hide
v. 隱藏

Can you hide this for me?
你能把這個替我藏起來嗎？

**high
adj. ; adv. 高

She earned her high marks.
她得到高分。

highway
n. 公路

Germany has an excellent highway system.
德國有一流的公路系統。

☐ **hike**
v. 健行

Let's go for a hike!
咱們去健行！

☐ ****hill**
n. 小山

I live on top of a hill.
我住在坡頂。

☐ **hip**
n. 臀部

He fell and broke his hip.
他跌倒摔傷臀部。

☐ **hippo**
n. 河馬

The hippo is a dangerous animal.
河馬是危險的動物。

☐ **hire**
v. ; n. 雇用

I hope he will hire me.
我希望他會雇用我。

☐ ****history**
n. 歷史

History is my favorite subject.
歷史是我最喜歡的學科。

☐ ****hit**
v. 打擊；達到

He hit the target every time.
他每一次都達到目標。

☐ ****hobby**
n. 嗜好

Stamp collecting is a popular hobby.
集郵是個受歡迎的嗜好。

☐ **hold**
v. 握住

Can you hold this for me?
你能替我拿這個嗎？

☐ **holiday**
n. 節日；假日

Thanksgiving is an American holiday.
感恩節是美國的節日。

☐ **home**
n. 家

They were content to stay home and watch TV.
他們很高興能待在家裡看電視。

☐ **homesick**
adj. 想家的

I got homesick at camp.
我露營時想家。

☐ **homework**
n. 家庭作業

Homework is no fun.
家庭作業很無趣。

☐ **honest**
adj. 誠實的

He's an honest contractor with good prices.
他是誠實的承包商，價格合理。

☐ **honesty**
n. 誠實

Honesty is its own reward.
誠實會有好報。

☐ **honey**
n. 蜂蜜

Honey is very sweet.
蜂蜜很甜。

□ **hop**
v. ; n. 跳

I can hop on one foot.
我可以用單腳跳。

□ **hope**
v. ; n. 希望

We hope to marry soon.
我們希望馬上結婚。

□ **horrible**
adj. 可怕的

That was a horrible thing to say.
那是件可怕的事，令人難以說出口。

□ **horse**
n. 馬

I ride my horse every week.
我每星期騎我的馬。

□ **hospital**
n. 醫院

I was born in a hospital.
我在醫院出生。

□ **host**
n. 主人

"No host cocktails" means, "no free drinks".
「不提供主人家的雞尾酒」意謂「不提供免費飲料」。

□ **hot**
adj. 熱的

Be careful, it's hot.
小心燙。

□ **hot dog**
n. 熱狗

The hot dog is an American food.
熱狗是美國的食物。

**hotel
n. 旅館

Hotel rates are expensive.
旅館的住宿費昂貴。

**hour
n. 小時

I work an eight hour day.
我一天工作八小時。

**house
n. 房子

We live in a house by the sea.
我住在海邊的房子。

housewife
n. 家庭主婦

My mother was a housewife.
我的媽媽是一位家庭主婦。

housework
n. 家事

Housework is boring.
家事很繁瑣。

**how
adv. 如何

How are you?
你好嗎？

**however
adv. ; conj. 無論如何；
究竟；然而

However do you manage?
你究竟如何管理？

human
adj. ; n. 人類（的）

The human body is a wonder.
人體是一項奧秘。

☐ **humble**
adj. 謙遜的；卑微的

Pride is the downfall of the humble.
自大是謙虛的手下敗將。

☐ **humid**
adj. 潮濕的

Desert heat isn't humid.
沙漠的暑熱不潮濕。

☐ **humor**
n. 幽默

Fight sadness with humor.
用幽默擊敗憂傷。

☐ **humorous**
adj. 富幽默感的

It was a very humorous book..
這是一本幽默感十足的書籍。

☐ ****hundred**
n. ; adj. 百

There are one hundred years in a century.
一世紀有一百年。

☐ **hunger**
n. 飢餓

I hunger for knowledge.
我渴望知識。

☐ ****hungry**
adj. 飢餓的

I'll eat when I get hungry.
我餓就會吃東西。

☐ **hunt**
n. ; v. 狩獵；打倒

Every fall I hunt for deer.
每年秋天我獵鹿。

☐ **hunter**
n. 獵人

The lion is a good hunter.
獅子是優秀的狩獵者。

☐ ****hurry**
v. ; n. 匆忙；慌張

There's no need to hurry.
不需要慌慌張張。

☐ **hurt**
v. 受傷

I hurt myself at work.
我在工作時受了傷。

☐ ****husband**
n. 丈夫

He's a good husband.
他是一位好丈夫。

MEMO

MP3-10

☑ **I** (me, my, mine, myself)
pron. 我

Do I know you?
我認識你嗎？

☐ ****ice**
n. 冰

I put a lot of ice in your glass.
我放了許多冰在你的杯子裡。

☐ ****ice cream**
n. 冰淇淋

I love vanilla ice cream.
我喜歡香草冰淇淋。

☐ ****idea**
n. 想法

It was my idea.
這是我的想法。

☐ ****if**
conj. 如果

What will you do if she comes anyway?
如果她無論如何還是要來，你會怎麼做？

☐ **ignore**
v. 忽視

How can you ignore her needs?
你怎麼可以忽視她的需要？

☐ **ill**
adj. 生病的

I was ill yesterday.
我昨天生病。

☐ **imagine**
v. 想像

Can you imagine that?
你能想像那件事？

☐ **impolite**
adj. 無禮的

It's impolite to stare.
瞪人是不禮貌的。

☐ **importance**
n. 重要性

This issue is of big importance.
這個議案非常重要。

☐ ****important**
adj. 重要的

He is an important man.
他是一位重要的人士。

☐ **impossible**
adj. 不可能

It's impossible to walk through walls.
飛簷走壁不可能。

☐ **improve**
v. 改善

Study will improve your grades.
勤讀用功會使成績進步。

☐ ****in**
prep. 在…內

I went in the entrance of the building.
我走進大廈的入口處。

☐ **inch**
n. 英寸；吋

Americans use the inch not the centimeter.
美國人採用的是英吋，不是公分。

include
v. 包括

Did you include the tax?
你將稅含括在內了嗎？

income
n. 收入

Susan hands all her income to her husband.
蘇珊把所有的收入都交給老公。

increase
v. 增加

The bugs are increasing.
蟲害增加了。

independent
adj. 獨立的

She has an independent spirit.
她具有獨立自主的精神。

indicate
v. 指出

That would indicate she needs help.
這應該顯示出她需要幫助。

influence
v. 影響；n. 影響力

Will you use your influence for me?
你會為我運用你的影響力嗎？

information
n. 資訊

This information is wrong.
這個訊息是錯誤的。

ink
n. 墨水

I prefer black ink.
我偏愛黑墨水。

☑ **insect**
n. 昆蟲

An insect has six legs.
昆蟲有六隻腳。

☑ **inside**
prep. ; adv.
在…之內；室內

Come inside the house.
進入房子裡面。

☑ **insist**
v. 堅持

She insisted on coming.
她堅持要來。

☑ **inspire**
v. 激勵；鼓舞

I want to inspire you to do better.
我想要激勵你做得更好。

☑ **instant**
adj. 立刻的；即時的

Instant food is popular.
速食食品頗受歡迎。

☑ **instrument**
n. 工具

A pen is a writing instrument.
筆是書寫的工具。

☑ **intelligent**
adj. 明智的

We had an intelligent conversation.
我們有一場機智的對話。

☑ **interest**
n. 興趣；v. 使感興趣

I lost interest in horror movies.
我對恐怖電影失去興趣。

☐ ****interested**
adj. 感興趣的

Boys are not interested in dolls.
小男生不喜歡洋娃娃。

☐ ****interesting**
adj. 有趣的

That's an interesting idea.
那是個有趣的想法。

☐ **international**
adj. 國際的

He wrote an international best seller.
她寫了一本名揚國際的暢銷書。

☐ ****Internet**
n. 網際網路

I love to surf the Internet.
我喜歡瀏覽網際網路。

☐ **interrupt**
v. 打斷

Don't interrupt, wait your turn.
不要插嘴〈插隊〉，等輪到你再說。

☐ **interview**
v. 訪問；n. 面試

The reporter wanted to interview me.
記者想要訪問我。

☐ ****into**
prep. 進入

I don't want to go into that now.
我現在不想談到那裡。

☐ **introduce**
v. 介紹

Will you introduce me to her?
你會將我介紹給她嗎？

☐ **invent**
v. 發明

I need to invent a new way.
我須要發明一種新方法。

☐ **invitation**
n. 邀請；請帖

They sent out the invitations yesterday.
他們昨天發出請帖。

☐ **invite**
v. 邀請

I want to invite you to my party.
我想邀請你參加我的宴會。

☐ **iron**
n. ; adj. 鐵（的）

Steel is made from iron.
鋼是由鐵所製成。

☐ ****island**
n. 島

Taiwan is a big island.
台灣是一大島。

☐ ****it (its, itself)**
pron. 它

Where is it?
它在哪？

☐ **jacket**
n. 夾克

It's a warm jacket.
那是一件溫暖的夾克。

☐ **jam**
n. 醬

I eat strawberry jam all the time.
我時時刻刻都在吃草莓果醬。

☐ **January**
n. 一月

January is very cold.
一月很冷。

☐ **jazz**
n. 爵士

I love modern jazz music.
我喜歡現代的爵士樂。

☐ **jealous**
adj. 嫉妒的

He's a jealous man.
他是一位嫉妒心重的人。

☐ **jeans**
n. 牛仔褲

Most jeans are blue.
大部分的牛仔褲是藍色的。

☐ **jeep**
n. 吉普車

The jeep was invented for the army.
吉普車是為了軍隊所研發的。

☐ ****job**
n. 工作

He did a good job.
他表現得很好。

☐ ****jog**
v. 慢跑

She goes jogging every morning.
她每天早上都慢跑。

☐ ****join**
v. 加入

I want to join the Army.
我想要加入陸軍。

☐ **joke**
n. 笑話

That's a funny joke.
那真是有趣的笑話。

☐ **journalist**
n. 新聞工作者

A reporter is a journalist.
記者是一位新聞工作者。

☐ ****joy**
n. 歡樂

That movie brought me a lot of joy.
那電影帶給我許多的歡樂。

☐ **judge**
n. 裁判；v. 判斷

You be the judge.
你來當裁判。

☐ ****juice**
n. 果汁

I love orange Juice.
我愛喝柳橙汁。

☑ **July
n. 七月

I was born in July.
我在七月出生。

☑ **jump
v. ; n. 跳躍

How high can you jump?
你可以跳多高？

☑ **June
n. 六月

Summer vacation starts in June.
暑假在六月開始。

☑ **junior high school
n. 初中

I read a lot of books in junior high school.
我在國中時讀了許多書。

☑ **just
adj. 公平、正直的
adv. 只

I 'll have to put you on hold, just a moment please.
我必須請您稍後，請等一下。

MEMO

☐ **kangaroo**
n. 袋鼠

A kangaroo hops around.
袋鼠總是四處跳。

☐ ****keep**
v. 保存

You can keep it for yourself.
你可以自己留著。

☐ **ketchup**
n. 番茄醬

I like ketchup on my fries.
我喜歡將番茄醬加在我的薯條上。

☐ ****key**
n. 鑰匙；關鍵

Hard work is the key to success.
努力不懈是成功之鑰。

☐ ****kick**
v. ; n. 踢

The horse kicked his leg.
馬踢他的腿。

☐ ****kid**
n. 小孩

I did that when I was a kid.
我在孩提時做了那件事。

☐ ****kill**
v. 殺

The butcher killed the chicken.
屠夫殺雞。

**kilogram
n. 公斤

How much do you weigh in kilograms?
你幾公斤？

kilometer
n. 公里

He has walked 5 kilometers.
他已經走了五公里了。

**kind
adj. 仁慈的；n. 種類

That was very kind.
那實在太仁慈了！

kindergarten
n. 幼稚園

Kindergarten comes before the first grade.
幼稚園後才是一年級。

**king
n. 國王

The king's word is law.
國王所言就是法律。

kingdom
n. 王國

A king rules a kingdom.
國王統治王國。

**kiss
v. 接吻；n. 親吻

Did you kiss on the first date?
你們第一次約會就接吻嗎？

**kitchen
n. 廚房

The cook runs the kitchen.
廚師掌管廚房。

☑ ****kite**
n. 風箏

I can fly a kite.
我會放風箏。

☑ **kitten**
n. 小貓

My cat had six kittens.
我的貓生了六隻小貓。

☑ ****knee**
n. 膝蓋

Can you bend your knee?
你能屈膝嗎？

☑ ****knife**
n. 刀子

Cut it with the knife.
用刀子切。

☑ ****knock**
v. ; n. 敲打

Did you knock that over?
你把那打翻了嗎？

☑ ****know**
v. 知道

I know how to do that.
我知道如何做。

☑ ****knowledge**
n. 知識

I have no knowledge of that.
我對那一無所知。

☑ **koala**
n. 無尾熊

The koala bear lives in Australia.
無尾熊住在澳洲。

MP3-13

☑ **lack**
v. ; n. 缺乏

I lack nothing.
我什麼也不缺。

☑ **lady**
n. 淑女；貴婦

A knight's wife is called a lady.
騎士的妻子稱為貴婦。

☑ ****lake**
n. 湖

A lake has fresh water.
湖有淡水。

☑ **lamb**
n. 羔羊

A lamb is a baby sheep.
羔羊是指小羊。

☑ ****lamp**
n. 燈

I have a small reading lamp.
我有一檯小型的閱讀燈。

☑ ****land**
n. 陸地

The pilot can land the plane.
飛行員可以讓飛機著陸。

☑ ****language**
n. 語言

Spoken language is one form of communication.
說是溝通的一種形式。

☐ **lantern**
n. 燈籠

Hey! Your lantern is on fire!
嘿！你的燈籠著火了！

☐ ****large**
adj. 大的

I like large dogs.
我喜歡大型的狗。

☐ ****last**
adv. ; adj. 最後的
v. 持續

We're home at last.
我們終於到家。

☐ ****late**
adj. ; adv. 遲的

Don't be late.
不要遲到。

☐ ****later**
adj. ; adv. 稍後

I can take a later flight.
我可以搭乘較晚的班次。

☐ **latest**
adj. 最新的

This book is the latest one.
這本書是最新的。

☐ **latter**
adj. 後者

The former is dumb; the latter is stupid!
前面那個呆；後面那個笨！

☐ **laugh**
v. ; n. 笑

You have a beautiful laugh.
你擁有美麗的笑容。

☑ **law**
n. 法律

It's a law.
這是一條法律。

☑ **lawyer**
n. 律師

I need a good lawyer.
我需要一位好律師。

☑ **lay**
v. 放置

Lay down on the couch.
躺在沙發上。

☑ ****lazy**
adj. 懶的

I can be lazy on Sunday.
我可以在星期日偷懶。

☑ ****lead**
v. ; n. 指揮

Just follow my lead.
只要聽從我的指揮就行了！

☑ ****leader**
n. 領袖

He's a very powerful leader.
他是個很有權威的領導者。

☑ **leaf**
n. 葉子

Mary put a red leaf in her dictionary.
瑪麗在她的字典裡夾了一片紅葉。

☑ ****learn**
v. 學習

What did you learn today?
你今天學了什麼？

least
adj. ; adv. ; n. 最少（的）

At least he helped you out.
至少，他幫你解決啦。

leave
v. 離開

I have to leave early.
我必須盡早離開。

left
adj. 左方的

I can write with my left hand.
我可以用我的左手寫字。

leg
n. 腿

I hurt my leg running.
我跑傷了腿。

lemon
n. 檸檬

I like lemon in my tea.
我喜歡在茶裡面放檸檬。

lend
v. 借

Can you lend me a dollar?
你可以借我一元嗎？

less
adj. ; adv. 不及

I like red apples less than green.
比起紅蘋果，我比較喜歡青蘋果。。

lesson
n. 一課；教訓

That was a good lesson.
那是很好的一課（一個教訓）。

☑ ****let**
v. 讓

Don't let the dog out.
別讓你的狗出去。

☑ ****letter**
n. 信；字母

I got a letter from my pen pal.
我收到一封筆友寄來的信。

☑ **lettuce**
n. 萵苣

The salad was mostly lettuce.
沙拉多半是萵苣為主要生菜。

☑ **level**
n. 層次

Nobody can achieve his level.
他的層次無人能及。

☑ ****library**
n. 圖書館

I have to return the book to the library.
我必須將書歸還給圖書館。

☑ **lick**
v. 舔；舐

Licking the stamp may make you sick.
舔郵票可能會讓你生病。

☑ **lid**
n. 蓋子

Please remove the lid from the jar.
請將瓶蓋拔起來！

☑ ****lie**
v. 說謊；n. 謊言

Did you tell a lie?
你是否說了謊？

☐ ****life**
n. 生命

She really enjoys life.
她真的享受生命。

☐ **lift**
v. 抬起；n. 便車

How much weight can you lift?
你可以抬多重？

☐ ****light**
n. 燈光

Please turn on the light.
請打開燈。

☐ **lightning**
n. 閃電

We had a big thunder and lightning storm.
我們碰到巨雷閃電的暴雨。

☐ ****like**
v.；n. 喜歡

I like this place.
我喜歡這個地方。

☐ **likely**
adv. 可能地

More than likely, he will fail.
他很可能會失敗。

☐ **limit**
n.；v. 極限

Two drinks is my limit.
喝兩杯是我的極限。

☐ ****line**
n. 線

The total is on the bottom line.
總額列於下方的底線上。

☑ **link**
v. 連接；n. 鏈環

A chain is made from many links.
鏈子是由許多鏈環製成的。

☑ ****lion**
n. 獅子

The lion is the king of beasts.
獅子是野獸之王。

☑ ****lip**
n. 唇

He bit his lip with worry.
他擔心的咬緊嘴唇。

☑ **liquid**
n. 液體

Water is a liquid.
水是液體的一種。

☑ ****list**
v. 列出；n. 一覽表

I made a shopping list.
我列出一張購物清單。

☑ ****listen**
v. 聆聽

I like to listen to the rain.
我喜歡聽雨聲。

☑ **liter**
n. 公升

Give me one liter of milk.
給我一公升的牛奶。

☑ ****little**
adj.；adv. 少；些微的

I need a little help.
我需要一些幫助。

☐ **live**
v. 居住

You live far away.
你住得很遠。

☐ **living room**
n. 客廳

The family gathered in the living room.
家人聚集在客廳裡。

☐ **loaf**
n. 條

I bought a loaf of bread.
我買了一條麵包。

☐ **local**
adj. 當地的

He's local, from this area.
他是本地人。

☐ **lock**
v. ; n. 鎖

Did you lock the door?
你鎖門了嗎？

☐ **locker**
n. 櫥櫃；抽屜

My school locker is full.
我的學校櫥櫃已裝滿。

☐ **lonely**
adj. 孤獨的

He's a lonely old man.
他是一位孤獨老人。

☐ **long**
adj. 長的

Long hair is more attractive.
長髮比較有吸引力。

**look
v. 看；尋找；n. 眼神

Will you help me look for my dog?
你會幫我尋找我的狗嗎？

**lose
v. 輸；失去

Did you lose the game?
你輸掉比賽嗎？

loser
n. 失敗者

He was the loser.
他是一位失敗者。

**loud
adj. 喧吵的

I don't like loud music.
我不喜歡喧鬧的音樂。

**love
v. ; n. 愛

Parents love their kids.
父母愛他們的孩子。

lovely
adj. 可愛的

She's a lovely woman.
她是一位可愛的婦女。

**low
adj. 低的

The low bid usually wins.
低價投標通常會勝出。

**lucky
adj. 幸運的

It was a lucky guess.
這是靠運氣的猜測。

**lunch
n. 午餐

Lunch break starts at noon.
午餐時間是中午十二點

MP3-14

☐ **ma'am**
n. 夫人；女士

Sure thing, ma'am.
當然，夫人。

☐ ****machine**
n. 機器

I run a printing machine at work.
工作時，我負責使用印刷機。

☐ **mad**
adj. 生氣的；瘋的

I'm not mad at you.
我沒生你的氣。

☐ **magazine**
n. 雜誌

I read a magazine on the flight.
我在飛機上看了一本雜誌。

☐ ****magic**
adj. 神奇的；魔術的

I can do magic tricks.
我會魔術。

☐ **magician**
n. 魔術師

He's a magician with a deck of cards.
他是位紙牌魔術師。

☐ ****mail**
v. 寄信；n. 郵件

This letter came in today's mail.
這封信隨今天的郵件送來。

☑ **mailman**
(mail carrier)
n. 郵差

The mailman came early today.
郵差今天早到。

☑ **main**
adj. 主要的

Noise is my main complaint.
噪音是我所抱怨的重點。

☑ **major**
v. 主修；adj. 主要的

What's your major?
你主修什麼？

☑ **make**
v. ; n. 製作

May I make you a sandwich?
我能為你做一個三明治嗎？

☑ **male**
adj. 男子的；雄性的
n. 男性；雄性

The mail lion has a mane
公獅子有鬃毛。

☑ **mall**
n. 購物中心

Did you go to the mall?
你去購物中心了嗎？

☑ **man**
n. 男人

He is a good man.
他是一位好男人。

☑ **manager**
n. 經理

I worked my way up to manager.
我一路當上了經理。

☐ **mango**
n. 芒果

Mango is a delicious fruit.
芒果是美味的食物。

☐ **manner**
n. 方式

He spoke in a clear manner.
他說話清楚明白。

☐ ****many**
adj. ; n. 許多

How many do you want?
你想要多少？

☐ ****map**
n. 地圖

Can you read a map?
你會看地圖嗎？

☐ ****March**
n. 三月

March is a windy month.
三月是多風的季節。

☐ ****mark**
n. 目標；v. 標示

That shot hit the mark.
那一擊正中目標。

☐ **marker**
n. 馬克筆

Write the address with a magic marker.
用神奇的馬克筆寫下住址。

☐ ****market**
n. 市場

I buy fresh fruit every day in the market.
我每天到市場購買新鮮的水果。

☑ **marry**
v. 結婚

Will you marry me?
你願意娶〈嫁給〉我嗎?

☑ ****married**
adj. 已婚的

We were married two years ago.
我們兩年前結婚。

☑ **marvelous**
adj. 棒的

This book is marvelous!
這本書好棒!

☑ **mask**
n. 面具;v. 帶面具

The robber wore a mask.
搶匪戴著面具。

☑ **mass**
n. 彌撒;團塊

Catholics celebrate mass.
天主教徒望彌撒。

☑ **master**
n. 大師;師父;碩士

His master gave him a lesson.
師父給他個教訓。

☑ **mat**
n. 墊子

Put the dish on the mat.
將盤子放在墊子上。

☑ **match**
n. 火柴;比賽;v. 符合

Did you find any matches?
你找到任何相符的嗎?

☐ **math**(mathematics)
n. 數學

Math is fun.
數學很有趣。

☐ **matter**
v. 有關係；n. 物體；事物

Does it really matter?
真的有關係嗎？

☐ **maximum**
n.；adj. 最大值

What is the maximum donation allowed?
最多可以捐出多少錢？

☐ **may (might)**
aux. v. 可能；可以

How may I help you?
我該如何幫助你？

☐ **May**
n. 五月

May is a warm month.
五月是溫暖的月份。

☐ **maybe**
adv. 或許

Maybe my entry will win.
也許我參加會贏。

☐ **meal**
n. 一餐

We ate a good meal.
我們吃了豐盛的一餐。

☐ **mean**
v. 意謂；adj. 刻薄的

When I say "no," I mean it.
我說不，就是不。

N O P Q R S T U V W X Y Z

☐ **meaning**
n. 意義

The meaning is clear.
意義很清楚。

☐ **meat**
n. 肉

John eats too much meat.
約翰吃太多肉了。

☐ **mechanic**
n. 技工

A mechanic makes a good living.
技工能夠維持不錯的生計。

☐ **media**
n. 媒體；媒介

Mass media is almost everywhere.
大眾媒體幾乎無所不在。

☐ **medicine**
n. 醫藥

The medicine tastes terrible.
良藥苦口。

☐ **medium**
adj. 中間（等）的
n. 中央；中庸

He wears a medium size shirt.
她穿了一件中號的襯衫。

☐ **meet**
v. 相遇；見面

I'll meet you there.
我跟你在那碰頭。

☐ **meeting**
n. 會議

The meeting went on forever.
會議一直持續下去。

☑ **member**
n. 會員

I'm a member of that club.
我是該俱樂部的會員。

☑ **men's room**
n. 男廁所

The men's room is over there.
男廁所在那邊。

☑ ****menu**
n. 菜單

It's a small restaurant with a big menu.
這小餐廳備有一份大菜單。

☑ **message**
n. 訊息

I took a phone message for you.
我替你記了一個電話留言。

☑ **metal**
n. 金屬

Cars are made of metal.
車子是由金屬所製。

☑ **meter**
n. 公尺；米；儀表；表

They read the meter every month.
他們每個月都會抄表。

☑ **method**
n. 方法

It's an accurate method.
這是正確的方法。

☑ **microwave**
n. 微波爐

Heat it in the microwave.
用微波爐加熱。

☑ **middle**
n. 中間；adj. 中等的

He's in the middle.
他在中間那裡。

☑ **midnight**
n. 午夜

Be home before midnight.
在午夜之前回家。

☑ ****mile**
n. 哩；英里

A mile is about two kilometers.
一英里約兩公里。

☑ ****milk**
n. 牛奶

Cow's milk is good for you.
牛奶對你有益。

☑ ****million**
n. ; adj. 百萬

It costs a million dollars.
價值一百萬元。

☑ ****mind**
v. ; 留意；關心；n. 心智

Children should mind their parents.
孩子應該關心自己的父母。

☑ **minor**
n. 未成年者；adj. 次要的

You're a minor until you are twenty-one.
你到二十一歲才算成年。

☑ **minus**
n. ; prep. 減去
adj. 負數的

Minus means to take away.
減去表示取走。

☑ ****minute**
n. 分鐘

A minute isn't very long.
一分鐘不會很長。

☑ **mirror**
n. 鏡子

She has a mirror on her dresser.
她在化妝台上放了一面鏡子。

☑ ****Miss**
n. 小姐

It's still acceptable to call a child Miss.
叫一個小孩子小姐，還可以接受。

☑ ****miss**
v. 想念；錯失

Don't miss any chance to win.
別錯失任何贏的機會。

☑ ****mistake**
n. 錯誤

I made one mistake on the test.
我的試卷有一處答錯。

☑ **mix**
v. 混合

Don't mix business with pleasure.
不要將正事與玩樂混為一談。

☑ **model**
n. 型；款式

He bought a late model car.
他購買了一款新型車。

☑ ****modern**
adj. 現代的

We have a modern kitchen.
我們有一個現代的廚房。

☑ **moment**
n. 時刻

I enjoyed that moment.
我享受那一刻。

☑ **Monday**
n. 星期一

We go back to work on Monday.
我們在星期一返回工作崗位。

☑ **money**
n. 金錢

Her job brings in extra money.
她的工作帶給她一份外快。

☑ **monkey**
n. 猴子

The kids laughed at the monkey.
孩子嘲笑猴子。

☑ **monster**
n. 怪物

Frankenstein is a scary monster.
法蘭克史坦是一個可怕的怪物。

☑ **month**
n. 月

What month were you born in?
你是哪一個月出生？

☑ **moon**
n. 月亮

America put a man on the moon.
美國人把一個人送上月亮。

☑ **more**
adj. ; adv. 更多的

Would you like some more rice?
你想要多一些米嗎？

☑ ****morning**
n. 早晨

Every morning I give my wife a kiss.
每個早晨，我親吻老婆一下。

☑ **mop**
v. 拖地；n. 拖把

Don't hit children with a mop!
不要用拖把教訓孩子！

☑ **mosquito**
n. 蚊子

The mosquito bite itches.
被蚊子咬會癢。

☑ ****most**
adj. ; adv. 大部分；大多數

Most of the time you win.
多數時間是你贏。

☑ ****mother**
(mom, mommy)
n. 母親（媽媽）

She started calling me "mother" after college.
她在上大學後，開始叫我「母親」。

☑ **motion**
n. 移動

She is poetry in motion.
她本身就如同會移動的詩篇般美妙。

☑ ****motorcycle**
n. 摩托車

Riding a motorcycle is fun.
騎摩托車很有意思。

☑ ****mountain**
n. 山

The mountain top is hidden by a cloud.
雲隱沒了山頂。

☐ ****mouse**
n. 老鼠

He was as quiet as a mouse.
他安靜如鼠。

☐ ****mouth**
n. 嘴巴

Wipe your mouth clean.
把你的嘴擦乾淨。

☐ ****move**
v. ; n. 移動；搬動

He can move quickly.
他可以迅速移動。

☐ **movement**
n. 振動；動作

My eyes are sensitive to movement.
我的眼睛對動作很敏感。

☐ ****movie**
n. 電影

Gladiator is my favorite movie.
神鬼戰士是我最喜愛的電影。

☐ ****Mr.**
n. 先生

Mr. Thomas is on vacation.
湯瑪斯先生正在渡假。

☐ ****Mrs.**
n. 太太；夫人

Using Mrs. for married women is going out of style.
將已婚女士稱呼 "Mrs." 已經過時。

☐ **MRT**
n. 捷運

The MRT is a clean, efficient subway.
捷運是乾淨、有效率的地下鐵。

☑ **Ms.
n. 女士

Letters to professional women are addressed Ms.
寫信給專業的婦女多稱呼為 " Ms."。

☑ **much
adj. ; adv. 多的

How much does that cost?
多少錢?

☑ mud
n. 泥土

The car got stuck in the mud.
車子陷在泥土裡。

☑ **museum
n. 博物館

I went to the Egyptian exhibition at the museum.
我去博物館看埃及展。

☑ **music
n. 音樂

Can you make the music louder?
你能將音樂放大聲一點嗎?

☑ musician
n. 音樂家

He's a professional musician.
他是一位專業的音樂家。

☑ **must
aux. v. 必須;n. 義務

You must work to succeed.
你必須努力追求成功。

☑ **nail**
n. 釘子

He can drive a nail with two hammer hits.
他可以用兩把鐵鎚雙擊，將釘子釘牢。

☑ ****name**
n. 名字

My name is Timothy, or Tim, for short.
我的名字是提摩西，簡稱提姆。

☑ **napkin**
n. 餐巾

Wipe your mouth with the napkin.
用餐巾將嘴擦乾淨。

☑ **narrow**
adj. 窄的

The street is too narrow for cars.
街道太窄，容納不下車子。

☑ **nation**
n. 國家

The president speaks for the nation.
總統代表國家發言。

☑ ****national**
adj. 國家的

Today is a national holiday.
今天是國定假日。

☑ **natural**
adj. 自然的；天生的

He's a natural swimmer.
他是一位天生的泳將。

□ nature
n. 自然；天性

He loves nature walks.
他喜歡在大自然中漫步。

□ naughty
adj. 頑皮的

Good girls are never naughty.
好女孩絕不調皮。

□ **near
adv. ; adj. 靠近

I like sitting near the door.
我喜歡靠門邊坐著。

□ nearly
adv. 幾乎

I nearly missed the target.
我幾乎要錯過目標。

□ necessary
adj. 必要的

Payment isn't necessary.
可以不必付錢。

□ **neck
n. 頸部

My neck hurt after the accident.
意外發生後，我的頸部受了傷。

□ necklace
n. 項鍊

She wore a pearl necklace.
她戴了一條珍珠項鍊。

□ **need
v. ; n. 需要

I need a glass of water.
我需要一杯水。

☐ needle
n. 針

Will you thread the needle for me?
你能替我穿針嗎？

☐ negative
adj. 否定的；拒絕的

She has one negative report.
她有一份反對的報告。

☐ neighbor
n. 鄰居

He's my next door neighbor.
他是我的隔壁鄰居。

☐ neither
conj. ; adj. 兩不的

I like neither choice.
我兩個都不要。

☐ nephew
n. 姪兒；外甥

My nephew may take over.
我的姪兒可能接手。

☐ nervous
adj. 緊張的

I'm nervous, too.
我也很緊張。

☐ nest
n. 巢

There were eggs in the nest.
巢內有蛋。

☐ **never
adv. 決不；從不

Better late than never.
遲到總比沒到好。

☐ **new**
adj. 新的

New keys don't always work.
新鑰匙不見得能開門。

☐ **news**
n. 新聞

I watch CNN news.
我看 CNN 新聞。

☐ **newspaper**
n. 報紙

Daddy reads the newspaper every day.
爸爸每天看報紙。

☐ **next**
adj. 下次

I'll do yours next.
下次就輪到你。

☐ **nice**
adj. 好的

Please be nice to him.
請對他好。

☐ **nice-looking**
adj. 好看的

He's a nice-looking guy
他長得好看。.

☐ **niece**
n. 姪女；甥女

She is my favorite niece.
她是最討我喜愛的甥（姪）女。

☐ **night**
n. 夜晚

Bartenders work at night.
調酒師在夜晚上班。

☐ ****nine**
n. ; adj. 九

Baseball has nine positions.
棒球共分成九個位置。

☐ ****nineteen**
n. ; adj. 十九

I was born nineteen years ago.
我在十九年前出生。

☐ **nineteenth**
n. ; adj. 第十九

He finished the race in nineteenth place.
他以第十九名跑完賽跑。

☐ ****ninety**
n. ; adj. 九十

It comes with a ninety day guarantee.
它有九十天的保證期。

☐ ****ninth**
n. ; adj. 第九的

September is the ninth month of the year.
九月是一年的第九個月。

☐ ****no**
adv. ; adj. 不；沒有

I have three sons and no daughters.
我有三個兒子，沒有女兒。

☐ ****nobody**
n. ; pron. 無人；無一人

Nobody wants to be sick.
沒有人想生病。

☐ ****nod**
v. ; n. 點頭

Just nod your head.
只要點頭就好。

□ ****noise**
n. 吵鬧聲

Don't make noise after 10 p.m.
晚上十點以後不要吵鬧。

□ **noisy**
adj. 喧鬧的

Motor cycles are noisy.
機車很吵。

□ **none**
pron. ; adv. 無一人

None of my family agreed to come.
我家裡沒人要來。

□ ****noodle**
n. 麵條

She makes delicious noodles.
她的麵煮得很好吃。

□ ****noon**
n. 正午；中午

Lunch hour starts at noon.
午餐從正午開始。

□ **nor**
adv. …，也不…

He's niether bad, nor naughty.
他既不壞；也不頑皮。

□ ****north**
adj. ; n. 北方（的）

Santa lives at the north pole.
聖誕老公公居住在北極。

□ ****nose**
n. 鼻子

Her glasses slid down her nose.
她的眼鏡滑落到她的鼻子上。

not
adv ; adj. 不是的

He is not in now. Can you leave a message?
他現在不在，你要留言嗎？

note
n. 便條；短箋

He left a note at the door.
她在門上留了一個字條。

notebook
n. 筆記本；筆記型電腦

It's all in my notebook.
全部記在我的筆記本（筆記型電腦）裡。

nothing
n. ; pron. 沒有；無事（物）

Air costs nothing.
空氣不用半毛錢。

notice
v. 注意；留意；n. 通知

Did you notice my new dress?
你是否注意到我的新裙子？

novel
n. 小說

She loves romantic novels.
她喜歡浪漫的小說。

November
n. 十一月

Sweet November was a good movie.
「甜蜜的十一月」是一部很好的電影。

now
adv. 現在

I need it now.
我現在就需要。

☐ ****number**
n. 數字

Three is my lucky number.
三是我的幸運數字。

☐ ****nurse**
n. 護士

The nurse helped the doctor.
護士協助醫生。

☐ **nut**
n. 核桃

We finished the meal with nuts.
吃了核桃，就結束了我們這一餐。

MEMO

☑ **obey**
v. 遵守；服從

Obey the speed limit.
請遵守速限。

☑ **object**
n.；v. 物體；物件；反對

It's the one object I desire.
這是我渴望的一件物品。

☑ **ocean**
n. 海洋

The ocean is very deep.
海洋深不可測。

☑ ****o'clock**
adv. ... 點鐘

It's 12 o'clock noon.
現在是中午十二點鐘。

☑ ****October**
n. 十月

The harvest is over by October.
十月之前收成結束。

☑ ****of**
prep. 屬於

I am tired of this.
我受夠了這些。

☑ ****off**
prep.；adv. 離開；在 ... 之外

Stay off the grass.
遠離草地。

☐ offer
v. ; n. 提供；奉獻

What will you offer me?
你會提供我什麼？

☐ **office
n. 辦公室

My office is on the top floor.
我的辦公室位於頂樓。

☐ **officer
n. 警察；官員

He was arrested by a police officer.
他被警察逮捕。

☐ **often
adv. 時常地

How often does that happen?
那事多常發生？

☐ **oil
n. 油

I cook with olive oil.
我要橄欖油煮菜。

☐ **OK
adj. ; adv. 好

Do you feel OK?
你感覺還好吧？

☐ **old
adj. 老的；舊的

It's old, but it works.
它雖舊；但仍然可以用。

☐ omit
v. 省去；遺漏

Report everything, omit nothing.
每件事都報告；一事不漏。

☑ **on** prep. 在⋯上	Get on the bus. 上公車。
☑ **once** adv. ; conj. 一次；一旦 ...	I did that once. 我做過那件事一次。
☑ **one** n. ; pron. ; adj. 一	I want one for myself. 我想要一個給我自己。
☑ **oneself** n. 自己的	To do something oneself is often easier than getting others to do it. 親自作一件事情往往比較別人作還容易些。
☑ **onion** n. 洋蔥	I love sweet onions. 我喜歡有甜味的洋蔥。
☑ **only** adj. ; conj. 僅有的；獨一的	I can only buy one. 我只能購買一個。
☑ **open** v. 打開；adj. 開放的	A gentlemen holds the door open for a lady. 一位紳士會為小姐撐著門，使門開著。
☑ **operation** n. 手術；運作	He had a serious operation. 他動了一次嚴重的手術。

opinion
n. 意見；想法

Everyone has an opinion.
每個人都有一個想法。

**or
conj. 或

Do you want a small or large soda?
你想要大杯汽水還是小杯汽水？

**orange
n. 橘子；柳橙；
adj. 橘色的

I had an orange for breakfast.
我早餐吃了一個橘子。

**order
v. 訂貨；點菜
n. 命令；訂單

Order a pizza for us.
替我們訂一個披薩。

ordinary
adj. 普通的；正常的

I'm just an ordinary man.
我只是一個正常人而已！

**other
adj.；adv. 其他的

There is no other.
沒有其他的了！

**out
adj. 外面的；
adj. 在外面；出局

My parents won't let me stay out too late.
我的父母親不讓我太晚了還待在外面。

**outside
prep.；n.；adj.；adv. 外面

Go and play outside.
到外面玩。

☐ **oven**
n. 烤爐;烤箱

Dinner is in the oven.
晚餐在烤箱裡。

☐ ****over**
adj. ; adv. ; prep. 結束;
在 ... 那邊

The movie is over.
電影已經結束。

☐ **overpass**
n. 天橋

The tire went flat on the overpass.
在天橋上時,輪胎漏氣了。

☐ **overseas**
adv. ; adj. 在國外

I want to work overseas.
我想要到國外工作。

☐ **over-weight**
adj. 過重的

The bag is over-weight.
袋子超重。

☐ ****own**
v. ; pron. 擁有;屬於自己
的

I own three cars.
我擁有三輛車。

☐ **owner**
n. 所有者;物主

I'm the owner of that car.
我是那部車的所有人。

☐ **ox**
n. 公牛

He plowed the field with an ox.
他用牛耕田。

P

MP3-17

☐ ****p.m.**
adv. ; adj. 下午的

We met at 2 p.m.
我們下午兩點會面。

☐ ****pack**
v. ; n. 包裝；打包

I need to pack for the trip.
我需要打包旅行的行李。

☐ ****package**
n. 包裹

He tied the package with string.
他用繩子綁包裹。

☐ ****page**
n. 頁

Turn the page over.
請翻頁。

☐ **pain**
n. 痛苦；疼痛

He's in pain.
他很痛苦。

☐ **painful**
adj. 痛苦的

The injury was very painful.
這創傷很痛。

☐ ****paint**
v. ; n. 油漆；繪畫

I paint in oils on canvas.
我在帆布上畫油畫。

☐ **painter**
n. 畫家；油漆工

He is a house painter.
他是一位房子油漆工。

☐ ****pair**
n. ; v. 一雙（副）；成對

He gave her a pair of earrings.
他給她一副耳環。

☐ **pajamas**
n. 睡衣

I sleep in pajamas.
我穿睡衣睡覺。

☐ **pale**
adj. 蒼白的

She has pale, white skin.
她擁有蒼白且白皙的皮膚

☐ **pan**
n. 鍋；盤

Be careful, the pan is hot.
小心這鍋（盤）子很燙。

☐ **panda**
n. 貓熊

The panda is a symbol of China.
貓熊是中國的象徵。

☐ ****pants**
n. 褲子

She wore pants, not a skirt.
她穿的是褲子，不是裙子。

☐ **papaya**
n. 木瓜

Papaya juice is delicious.
木瓜汁很好喝。

☑ ****paper**
n. 紙

Write on a clean sheet of paper.
寫在乾淨的紙上。

☑ **pardon**
v. ; n. 原諒

Please pardon my error.
請原諒我的錯誤。

☑ ****parent**
n. 雙親（父或母）

My mom is a single parent.
我母親是單親媽媽。

☑ ****park**
n. ; v. 公園；停泊

We play baseball in the park.
我們在公園打棒球。

☑ **parking lot**
n. 停車場

My car is in the parking lot.
我的車放在停車場。

☑ **parrot**
n. 鸚鵡

My parrot says, "hello".
我的鸚鵡說：「哈囉！」

☑ ****part**
n. ; v. 角色；部分

What part did he play?
他扮演什麼角色？

☑ **partner**
n. 夥伴

I need a partner to help me.
我需要一位夥伴協助我。

☑ ****party**
n. 集會；派對

It's my birthday party.
這是我的生日宴會。

☑ ****pass**
v. 通過；傳遞

Please pass me the tea.
請幫我遞茶。

☑ **passenger**
n. 乘客

The passenger got out.
乘客下了車。

☑ ****past**
prep. ; adj. ;
adv. 走過；過去

We drove past it.
我們開車經過。

☑ **paste**
n. ; v. 漿糊；黏貼

Glue it with paste.
用漿糊黏。

☑ **path**
n. 道路

Buddha showed us the path to
enlightenment.
佛陀指引我們通往光明之路。

☑ **patient**
n. 病患；adj. 耐心的

The patient healed quickly.
病患很快痊癒。

☑ **pattern**
n. 樣式；花樣；v. 仿製

She made the dress from a pattern.
她依版樣做洋裝。

☑ **pause**
v. 中止；n. 斷句

A pause is a brief stop.
斷句是指短暫的停頓。

☑ ****pay**
v. 付款

Pay at that cash register.
到收銀台付錢。

☑ ****PE**(physical education)
n. 體育

Johnny hurt his foot so he didn't go to PE class.
強尼的腳受傷，所以不能上體育課。

☑ **peace**
n. 和平

The war ended the uneasy peace.
戰爭使侷促的和平劃下句點。

☑ **peaceful**
adj. 和平的

We enjoyed a quiet, peaceful day.
我們享受一個安靜、平和的一天。

☑ **peach**
n. 桃子

I want a juicy, fresh peach.
我想要一個多汁、新鮮的桃子。

☑ **pear**
n. 西洋梨

Would you like a fresh pear?
你想要一個新鮮的西洋梨嗎？

☑ ****pen**
n. 鋼筆

Pens write with ink.
鋼筆需用墨水。

☑ ****pencil**
n. 鉛筆

You can erase pencil.
你可以將鉛筆字擦掉。

☑ ****people**
人們

Many people drink milk for breakfast.
很多人早餐時都喝牛奶。

☑ **pepper**
n. 胡椒

I like black pepper.
我喜歡黑胡椒。

☑ **perfect**
adj. 完美的

The spelling is perfect.
拼字十分完美無誤。

☑ ****perhaps**
adv. 也許

It is cloudy, perhaps it will rain.
天氣陰陰的，或許將要下雨了。

☑ **period**
n. 全句；句點；時期

Remember to end your sentences with a period.
句子結束時，記得打句點。

☑ ****person**
n. 人

She is a good person to know.
她是值得認識的好人。

☑ **personal**
adj. 私人的

I keep my personal life private.
我視個人的私生活為隱私。

☐ ****pet**
n. 寵物

I have a pet dog.
我有一隻寵物狗。

☐ **photo**
n. 照片

I keep my family photo on the desk.
我把全家福照片放在桌子上。

☐ **physics**
n. 物理學

Bell majored in physics.
貝爾以前主修物理學。

☐ ****piano**
n. 鋼琴

I can play the piano.
我會彈鋼琴。

☐ ****pick**
v. 挑選

Pick out a ripe melon.
挑一個熟哈密瓜出來。

☐ ****picnic**
n.；v. 野餐

We ate a picnic lunch by the lake.
我們在湖邊吃野餐的午餐。

☐ ****picture**
n. 照片；v. 想像

He sent me a signed picture.
他送給我一張簽名照。

☐ ****pie**
n. 派；餡餅

Apple pie is my favorite.
蘋果派是我的最愛。

☐ ****piece**
n. ; v. 片；分割

Have a piece of pie.
來片派吧！

☐ ****pig**
n. 豬

The pig is a farm animal.
豬是農場的動物。

☐ **pigeon**
n. 鴿子

I feed the pigeon.
我餵鴿子。

☐ **pile**
v. ; n. 堆起

I pile the boxes high.
我將盒子堆高。

☐ **pillow**
n. 枕頭

It's as soft as a pillow.
如枕頭般柔軟。

☐ **pin**
n. 別針；飾針

She uses a pretty hat pin.
她別了一支漂亮的帽子飾針

☐ **pineapple**
n. 鳳梨

Hawaii is known for its pineapple.
夏威夷以鳳梨聞名。

☐ ****pink**
adj. ; n. 粉紅色（的）

She wore a pink dress.
她穿了一件粉紅色的洋裝。

☐ **pipe**
n. 管子；煙斗

A broken pipe flooded the basement.
一條破水管使地下室氾濫成災。

☐ ****pizza**
n. 披薩

Pizza is all around the world now.
現在披薩已風靡全世界。

☐ ****place**
v. ; n. 放置；位置

Place the dishes on the table.
將盤子放在桌上。

☐ **plain**
adj. 單色的；無裝飾的
n. 平原

The package came in a plain brown wrapper.
這包裹送來時是用單一的棕色紙包裝。

☐ ****plan**
v. ; n. 計劃

Everything worked according to plan.
事事皆根據計劃運行。

☐ **planet**
n. 行星

There're many planets in the universe.
宇宙有很多星球。

☐ **plant**
n. ; v. 栽種

We plant in the spring.
我們在春天栽種。

☐ **plate**
n. 盤子

It's impolite to leave food on your plate.
將食物剩餘在你的盤子內很不禮貌。

☑ **platform**
n. 講台

The speaker stood on a platform.
演講者站上講台。

☑ ****play**
v. ; n. 玩

I love to play cards.
我喜歡玩牌。

☑ ****player**
n. 球員；運動選手

The baseball player hit a grounder.
這位棒球選手打了一個滾地球。

☑ ****playground**
n. 遊樂場

The kids went to the playground.
小孩子去遊樂場。

☑ **pleasant**
adj. 愉悅的

We had a pleasant conversation.
我們有一段愉快的對話。

☑ ****please**
v. ; interj. 請

Please give me one.
請給我一個。

☑ **pleased**
adj. 欣喜的

I'm pleased to meet you.
很高興見到你。

☑ **pleasure**
n. 快樂；樂趣

It's a pleasure trip.
這是一趟快樂之旅。

☑ **plus**
prep. ; n. adj. 加

Two plus two equals four.
二加二等於四。

☑ **pocket**
n. 口袋

Make good use of your pocket money.
善加利用你的零用錢。

☑ **poem**
n. 詩

He wrote a love poem.
他寫了一首情詩。

☑ ****point**
v. ; n. 指；重點

Point to the one you want.
指出你所要的那一個。

☑ **poison**
n. 毒藥；毒物

I use poison for pest control.
我用毒藥殺蟲。

☑ ****police**
n. 警察

The police watched for the gangster.
警方在等待歹徒。

☑ ****polite**
adj. 有禮貌的

Be polite to everyone.
對每個人彬彬有禮。

☑ **pollute**
v. 污染

Discarded chemicals can pollute the water.
廢棄的化學物可能會污染水質。

☑ **pollution**
n. 污染

Air pollution kills people.
空氣污染讓人喪命。

☑ **pond**
n. 池塘

A pond is smaller than a lake.
池塘比湖更小。

☑ **pool**
n. 水塘；小池

He dived into the pool.
他潛到水池裡。

☑ ****poor**
adj. 貧窮的；可憐的

He comes from a poor family.
他的家境清寒。

☑ **pop music**
n. 流行音樂

I love pop music.
我喜歡流行音樂。

☑ ****popcorn**
n. 爆米花

The popcorn was very salty.
爆米花很鹹。

☑ ****popular**
adj. 流行的；受歡迎的

He is a very popular president.
他是一位非常受歡迎的總統。

☑ **population**
n. 人口

The population is growing.
人口正在成長。

☑ ****pork**
n. 豬肉

We had roast pork for dinner.
我們的晚餐吃烤豬肉。

☑ **position**
n. 位置

The baseball game has nine positions.
一場棒球有九局比賽。

☑ **positive**
adj. 肯定的；正面的

Are you positive he will come?
你肯定他會來嗎？

☑ ****possible**
adj. 可能的

Anything is possible.
任何事都有可能。

☑ ****post office**
n. 郵局

I bought stamps at the post office.
我在郵局購買郵票。

☑ ****postcard**
n. 明信片

Mail me a postcard.
寄一張明信片給我。

☑ **pot**
n. 鍋；罐；壺

I made the soup in a pot.
我將湯裝在瓶子裡。

☑ **potato**
n. 馬鈴薯

I want a baked potato.
我要一個烤馬鈴薯。

☑ ****pound**
v. 敲進；敲擊；n. 英磅

Pound the nail in with a hammer.
用鐵鎚將釘子敲進去。

☑ **powder**
n. 粉

You can cook with the milk powder.
煮菜時，你可以加奶粉調味。

☑ **power**
n. 力量

It runs on electric power.
它用要電來發動。

☑ ****practice**
v. ; n. 練習

He practices guitar every day.
他每天練習吉他。

☑ **praise**
n. ; v. 讚美

Praise your child when they deserve it.
不要吝於給你小孩應得的讚美。。

☑ **pray**
v. 祈禱；祈福

I went to the temple to pray.
我到廟裡祈福。

☑ **precious**
adj. 珍貴的

Diamonds are precious stones.
鑽石是珍貴的石頭。

☑ ****prepare**
v. 準備

Prepare the vegetables in the sink.
在水槽中準備蔬菜。

☐ **present**
adj. 目前的；n. 禮物

He doesn't have any money at present.
他目前沒有半毛錢。

☐ **president**
n. 總統；長官

I was class president.
我是班長。

☐ **pressure**
n. 壓力

He's never under pressure.
他從來不知壓力為何物。

☐ **pretty**
adj. 漂亮的；adv. 相當地

She wore a pretty, blue dress.
她穿了一件漂亮的藍色洋裝。

☐ **price**
n. 價格

The price is too high.
價格太高了！

☐ **priest**
n. 牧師；神父

This was blessed by a priest.
這事得到了神父的祝福。

☐ **primary**
adj. 主要的

Production is my primary goal.
生產是我主要的目標。

☐ **prince**
n. 王子

Charles is the Prince of Wales.
查爾斯是威爾斯的王子。

☐ **princess**
n. 公主

Princess Diana was lovely.
黛安娜王妃是倍受愛戴的。

☐ **principal**
n. 校長

The principal runs the school.
校長負責整個學校的運作。

☐ **print**
n. 印製品；v. 印刷

First print your name, then sign it
先用正楷寫下你的名字，然後再簽名。

☐ **private**
adj. 私人的；秘密的

Can we talk in private?
我們能否私下談？

☐ **prize**
n. 獎項

She wants to win the Nobel Prize.
她希望贏得諾貝爾獎。

☐ **probably**
adv. 或許

It will probably take a long time.
或許要花很長的時間。

☐ ****problem**
n. 問題；困難

She has a problem getting up early.
她早起有困難。

☐ **produce**
v. ; n. 生產；出產

We produce over a thousand units a day.
我們一天生產一千單位以上。

☐ **production**
n. 生產；製作

It was a big Broadway production.
這是一部大型的百老匯製作片。

☐ **professor**
n. 教授

My professor sucks.
我的教授爛死了。

☐ ****program**
n. 節目

The TV program is almost over.
電視節目快播完了！

☐ **progress**
n. ; v. 進步

We made slow, steady progress.
我們緩慢、穩定的進步。

☐ **project**
v. ; n. 計畫

He helped design the project.
他協助設計計畫。

☐ **promise**
v. 答應；n. 承諾

I promise never to do that again.
我答應絕不再做那事。

☐ **pronounce**
v. 發音

It's a difficult word to pronounce.
那個字很難發音。

☐ **protect**
v. 保護

The helmet will protect your head.
鋼盔（安全帽）能保護你的頭。

☐ ****proud**
adj. 引以為傲的；得意的

I'm proud of you.
我以你為傲。

☐ **provide**
v. 提供

The boss will provide the tools.
老闆提供工具。

☐ ****public**
adj. 公共的

I called her on a public phone.
我用公共電話打電話給她。

☐ ****pull**
v. 拉

Pull the drawer open.
拉開抽屜。

☐ **pump**
n. 幫浦；抽水機

The well has a hand pump.
這座井有一手動的抽水設備。

☐ **pumpkin**
n. 南瓜

Pumpkin soup is very tasty.
南瓜湯極美味。

☐ **punish**
v. 懲罰

I punish the kids when they're bad.
孩子不乖時，我就懲罰他們。

☐ **puppy**
n. 小狗

I raised that dog from a puppy.
從那隻狗很小時，我就把牠養大

☑ ****purple**
n. ; adj. 紫色（的）

Only the Roman Emperor could wear purple.
只有羅馬君主才能穿紫紅袍。

☑ **purpose**
n. 意圖；目的

I did that on purpose.
我故意那麼做。

☑ **purse**
n. 皮包

She has a black purse.
她有一個黑色皮包。

☑ ****push**
v. ; n. 推

Push the door open.
把門推開。

☑ ****put**
v. 放置

Put that on the table.
把那東西放在桌上。

☑ **puzzle**
n. 難題；謎題

I solved the puzzle.
我解決那難題。

MP3-18

☐ **quarter**
n. 四分之一；
二十五分硬幣

Americans call their twenty-five cent coin a quarter.
美國人將二十五分硬幣稱為一個 "quarter"。

☐ ****queen**
n. 皇后

Queen Elizabeth II has reigned for fifty years.
伊麗莎白二世女皇已執政五十年。

☐ ****question**
n. 問題

One question was really difficult.
有一個很困難的問題。

☐ ****quick**
adj. 迅速的；敏捷的

Rabbits are quick.
兔子的動作敏捷。

☐ ****quiet**
adj. 安靜的；恬靜的

We had a quiet night at home.
我們在家中度過一個恬靜的夜晚。

☐ **quit**
v. 辭職

He quit when he found a better job.
他找到更好的工作後，就辭職了。

☐ ****quite**
adv. 十分；全然；相當地

The weather lately has been quite seasonable.
最近的天氣相當符合季節。

☐ **quiz**
n. 小考

The teacher gives us a quiz every week.
老師每星期都幫我們小考。

MEMO

☐ ****rabbit**
n. 兔子

I have a pet rabbit.
我有一隻寵物兔。

☐ **race**
n. ; v. 種族；比賽

Stop racing!
別比了！

☐ ****radio**
n. 收音機

I heard the radio.
我聽收音機。

☐ **railroad**
n. 鐵路

The train stops at the railroad station.
火車停靠在火車站。

☐ ****railway**
n. 鐵道

The railway is over there.
鐵道在那邊。

☐ ****rain**
n. 雨；v. 下雨

Rain makes the crops grow.
雨讓農作物生長。

☐ ****rainbow**
n. 彩虹

We saw a beautiful rainbow.
我們看到美麗的彩虹。

☑ **raincoat**
n. 雨衣

I need a new raincoat.
我需要一件新雨衣。

☑ ****rainy**
adj. 下雨的

It's a rainy day today.
今天是下雨天。

☑ **raise**
v. 提高；增加

I'm cold, could you raise the temperature of the air conditioner?
我很冷，你能否調高空調的溫度？

☑ **rare**
adj. 罕見的

Printing mistakes are rare.
印刷錯誤不常見。

☑ **rat**
n. 鼠

Most people hate rats.
大部分的人討厭老鼠。

☑ **rather**
adv. 寧可

I would rather not go.
我寧可不要去。

☑ **reach**
v. 到達

He has reached the top.
他已經達到頂端了。

☑ ****read**
v. 閱讀

Can you read Chinese?
你看得懂中國字嗎？

☑ **ready**
adj. 準備就緒的

Are you ready to go yet?
你準備好去了嗎？

☑ **real**
adj. 真（實）的

The dream was very real.
夢境非常真實。

☑ **realize**
v. 了解；發覺

I didn't realize how late it was.
我沒注意到多晚了。

☑ **really**
adv. 確實

Do you really want that?
你確實想要嗎？

☑ **reason**
n. 理由

He had a good reason.
他有一個好理由。

☑ **receive**
v. 收到

I didn't receive your letter.
我沒收到你的信。

☑ **record**
v.；n. 記錄

I broke the record.
我打破紀錄。

☑ **recorder**
n. 錄音機

This recorder is broken.
這錄音機壞了。

☐ **recover**
v. 復原

He should recover soon.
他應該很快復原。

☐ **rectangle**
n. 長方形

We studied the rectangle in school.
我們在學校學到了長方形。

☐ **recycle**
n. ; v. 回收

Put it into the recycle can.
把這放到回收桶去。

☐ **red**
adj. ; n. 紅色（的）

I had a red wagon.
我有一輛紅色的馬車。

☐ ****refrigerator**
n. 冰箱

The refrigerator keeps food fresh.
冰箱讓食物保鮮。

☐ **refuse**
v. 拒絕；不願

I refuse to wear shorts.
我不願穿短褲。

☐ **regret**
v. 後悔

I regret doing that.
我後悔做那事。

☐ **regular**
adj. 規律；定期的

Do regular exercise.
要規律運動。

☐ **reject**
v. ; n. 拒絕

The seller rejected the offer.
賣方拒絕這項出價。

☐ **relative**
n. 親戚

An aunt is a close relative.
阿姨是近親。

☐ ****remember**
v. 記得

Do you remember me?
你記得我嗎？

☐ **remind**
v. 提醒

Remind me at eleven o'clock.
十一點時提醒我。

☐ **rent**
v., n. 租借；租金

We rent this house.
我們租這棟房子。

☐ **repair**
v., n. 修理

I repair radios for a living.
我靠修理收音機謀生。

☐ ****repeat**
v. 重複

Repeat that word for word.
一個字一個字重複說。

☐ **report**
n. 報告

His report is on the way.
他的報告正送過來了。

☑ **reporter**
n. 記者

He works as a reporter.
他的職業是記者。

☑ **respect**
n. ; v. 尊重

Show your elders respect.
表現出你對長輩的尊重。

☑ **responsible**
adj. 負責的

He was responsible for the win.
獲得勝利，他居功偉厥。

☑ ****rest**
n. 休息 ; v. 剩餘

I need to rest after work.
下班後，我需要休息。

☑ ****restaurant**
n. 餐廳

We ate dinner in a restaurant.
我們在餐廳吃晚餐。

☑ ****restroom**
n. 洗手間

He went to the restroom.
他去洗手間。

☑ **result**
n. 結果

What's the result?
結果怎樣？

☑ **return**
v. 歸還

I always return.
我總是有借有還。

☐ **review**
v. 檢查；n. 回顧

Please review my work.
請檢查我的工作。

☐ **revise**
v. 修正

He asked me to revise the rules.
他要求我修正規則。

☐ ****rice**
n. 米；米飯

We have rice with every meal.
我們餐餐吃飯。

☐ ****rich**
adj. 富有的

Rich people have big houses.
有錢人擁有豪宅。

☐ ****ride**
v.；n. 搭乘

Can I ride in your car?
我可以搭乘你的車嗎？

☐ ****right**
adj. 正確的；適當的

That was the right answer.
那是正確的答案。

☐ ****ring**
n. 鈴；環；v. 按鈴

Ring the bell to get in.
按鈴進入。

☐ **rise**
n.；v. 上漲；上升

The storm caused the river to rise.
暴風雨造成河水上漲。

☑ ****river**
n. 河

The river flows through the valley.
河水流過山谷。

☑ ****road**
n. 道路

Keep the car on the road.
讓車上路。

☑ **rob**
v. 搶

Bad people rob banks.
歹徒搶銀行。

☑ **robot**
n. 機器人

The movie was about a robot.
這電影是關於機器人的故事。

☑ ****ROC**
(Republic of China)
n. 中華民國

I live in Taiwan, ROC.
我住在中華民國台灣。

☑ **rock**
n. 石頭；v. 搖滾

We will rock you!
我們要讓你搖滾一下！

☑ **role**
n. 角色

He's the leading role.
他是主角。

☑ **roll**
v. 滾動；n. 捲

Did you eat my egg rolls?
你吃了我的蛋捲嗎？

☐ **roller skate**
(roller blade)
v. ; n. 溜直排輪

Roller skating is fun.
溜直排輪很好玩。

☐ **roof**
n. 屋頂

The roof leaks.
屋頂漏水。

☐ ****room**
n. 房間；空間

My room is upstairs.
我的房間在樓上。

☐ **root**
n. 根

The root was discovered.
根都暴露出來了。

☐ **rope**
n. 繩子

Tie it with a rope.
用繩子綁起來。

☐ ****rose**
n. 玫瑰

The rose smells nice.
玫瑰聞起來芳香。

☐ ****round**
adj. 圓的；n. 一輪

There is a round window in the door.
門上有個圓形的窗戶。

☐ **row**
n. 排

Stay in your row.
待在隊伍裡。

☑ **rub**
v. ; n. 摩擦；揉

Rub in the salve.
用軟膏揉一揉。

☑ **rubber**
n. 橡膠

He stopped the leak with a rubber washer.
他用橡膠皮圈止漏。

☑ **rude**
adj. 無禮的

Don't be rude, say thank you.
不要失禮，說謝謝。

☑ **ruin**
v. 弄壞；n. 廢墟

Sugar can ruin your teeth.
糖會造成蛀牙。

☑ ****rule**
n. 規則；v. 統治

We live by the golden rule.
我們奉黃金法則為圭臬。

☑ ****ruler**
n. 統治者

The king is the ruler.
國王是統治者。

☑ ****run**
v. 奔跑

Horses love to run.
馬喜歡奔跑。

☑ **rush**
v. 趕；n. 急忙行事

Take your time, don't rush.
慢慢來，不用急。

▶▶▶ **S** ▶▶▶

MP3-20

☐ ****sad** adj. 悲傷的	It was a sad movie. 這是一部感傷的電影。
☐ ****safe** adj. 安全的	Is this safe? 這安全嗎？
☐ **safety** n. 安全	Safety is important. 安全為要。
☐ **sail** v. ; n. 航行	Can you sail the boat? 你能張帆行船嗎？
☐ **sailor** n. 水手	The sailor spent all his money. 水手花光積蓄。
☐ ****salad** n. 沙拉	I love salad dressing. 我喜歡沙拉醬。
☐ ****sale** n. 出售	The apples are on sale. 蘋果特價中。

☑ **salesman**
n. 業務員；售貨員

The salesman was very friendly.
售貨員非常友善。

☑ ****salt**
n. 鹽

Too much salt is bad for you.
太多鹽對你身體不好。

☑ ****same**
adj. 相同的

It's the same.
都是一樣的。

☑ **sample**
n. 樣品

May I try a sample?
我可以試用樣品嗎？

☑ **sand**
n. 沙子

Tom's buried in sand.
湯姆正在做沙浴。

☑ ****sandwich**
n. 三明治

I ate a sandwich.
我吃了一個三明治。

☑ **satisfy**
v. 使滿足

Did you satisfy your thirst?
你解渴了嗎？

☑ ****Saturday**
n. 星期六

The dance is Saturday night.
舞會在週末夜晚舉行。

☑ **saucer**
n. 茶托

Put the cup on the saucer.
將杯子放在茶托上。

☑ ****save**
v. 保存

Did you save the file?
你存檔了嗎？

☑ ****say**
v. 說

Say whatever you want.
想說什麼，盡量說。

☑ **scared**
adj. 害怕的

I am not scared of spiders.
我不怕蜘蛛。

☑ **scarf**
n. 圍巾

She wore a red scarf.
她圍了一條紅色的圍巾。

☑ **scene**
n. 幕；場

This scene is so touching.
這幕戲真感人。

☑ **scenery**
n. 佈景

The scenery is very important in operas
歌劇的佈景很重要。

☑ ****school**
n. 學校

Peter goes to the best boys' school in Taipei.
彼得進入到台北最好的男校就讀。

☐ **science**
　　n. 科學

Science makes sense.
科學處處有道理。

☐ **scientist**
　　n. 科學家

He's a scientist.
他是一位科學家。

☐ **scooter**
　　n. 摩托車

Jack showed his scooter to everybody!
傑克把他的摩托車展示給每個人看！

☐ **score**
　　n. 分數；n. 得分

What was the score?
得幾分了？

☐ **screen**
　　n. 螢幕

My screen is blank.
我的螢幕一片空白。

☐ ****sea**
　　n. 海洋

The sea is very deep.
海洋深不可測。

☐ **seafood**
　　n. 海鮮

He chose a seafood restaurant.
他選了一家海鮮餐廳。

☐ **search**
　　n. 搜尋；v. 調查

I helped the search party.
我協助搜尋團體。

☑ ****season**
n. 季節

Spring is my favorite season.
春天是我最喜愛的季節。

☑ ****seat**
n. 座位

Have a seat.
找一個座位坐。

☑ ****second**
adj. 第二的;n. 秒;片刻

I'll be there in a second.
我馬上會到那裡。

☑ **secondary**
adj. 第二的;次要的

What he did was secondary.
他所做的是次要的。

☑ **secret**
n. 秘密

I can keep a secret.
我可以保密。

☑ **secretary**
n. 秘書

She's a good secretary.
她是一位優秀的秘書。

☑ **section**
n. 部分

Write in this section.
寫這個部分。

☑ ****see**
v. 看見

Did you see that?
你看見那個了嗎?

☐ **seed**
n. 種子

Angie threw all the seeds at the bad boy.
安姬拿種子丟那個壞孩子。

☐ **seek**
v. 尋找

The company is seeking an engineer.
公司想找一個工程師。

☐ **seem**
v. 似乎

You seem nice to me.
你似乎對我不錯。

☐ **seesaw**
n. 蹺蹺板

Do you want to ride the seesaw with me?
你想要和我一起玩蹺蹺板嗎？

☐ ****seldom**
adv. 很少；不常

I seldom go there.
我很少去那裡。

☐ **select**
v. 挑選

Select a major.
挑選一項主修科目。

☐ **selfish**
adj. 自私的

He is very selfish.
他非常的自私。

☐ ****sell**
v. 販賣

I want to sell my car.
我想要把我的車賣掉。

☐ **semester**
n. 學期

We start first semester tomorrow.
明天是我們第一學期的開始。

☐ ****send**
v. 送；送達

Send my mail here.
將我的信送到這裡。

☐ ****senior high school**
n. 高中

She's in senior high school.
她在讀高中。

☐ **sense**
v. ; n. 感覺

He has no sense at all!
他一點感覺都沒有！

☐ ****sentence**
n. 句子

Please read the sentence.
請唸出這些句子。

☐ ****September**
n. 九月

School starts in September.
學校在九月開學。

☐ ****serious**
adj. 嚴重的；認真的

Don't laugh! This is serious.
不要笑！認真點。

☐ **servant**
n. 僕人

We need a servant to cook for us.
我們需要請一位僕人替我們煮飯。

☑ **serve**
v. 服務；上（菜）

May I serve dinner now?
我可以擺出晚餐了嗎？

☑ **service**
n. 服務

The service at the restaurant was really poor.
餐廳的服務很糟。

☑ **set**
v. ; n. 設置

You've set me up!
你陷害我！

☑ ****seven**
n. ; adj. 七

I rolled a lucky seven.
我轉出一個幸運七的數字。

☑ ****seventeen**
n. ; adj. 十七

My dad gave me beer when I turned seventeen.
我十七歲時，爸爸給我啤酒喝。

☑ **seventeenth**
n. ; adj. 第十七

I finished seventeenth.
我完成第十七項。

☑ ****seventh**
n. ; adj. 第七

I'm in the seventh grade now.
我現在初中一年級。

☑ ****seventy**
n. ; adj. 七十

He's seventy and he still wants to work.
他七十歲了，卻仍然想工作。

☑ ****several**
adj. ; pron. 一些

I wrote you several letters.
我寫給你一些信。

☑ **shake**
v. 搖動；抖掉

Shake the water off.
把水甩乾。

☑ ****shall**
aux. v. 將

Where shall I go?
我該去哪裡？

☑ ****shape**
n. 形狀；狀況；v. 塑形

The car is in good shape.
車子的狀況良好。

☑ ****share**
v. 分享；共有

You can share my lunch.
你可以分享我的午餐。

☑ **shark**
n. 鯊魚

The shark bit him.
鯊魚咬了他。

☑ **sharp**
adj. 尖銳的

Don't be so sharp with me!
不要用這麼尖銳的態度對我！

☑ ****she**
(her, hers, herself)
pron. ; n. 她

She went alone.
她獨自去。

**sheep
n. 羊

Wool comes from sheep.
羊毛取自羊。

sheet
n. 一張（紙）

May I have a sheet of paper?
我可以有一張紙嗎？

shelf
n. 架

It's on the top shelf.
位於最上方的架子上。

shine
v. 閃亮

Shine your shoes.
擦亮你的鞋子。

**ship
n. 船

The ship sank.
船沉了！

**shirt
n. 襯衫

Wear a white shirt.
穿件白襯衫。

**shoe(s)
n. 鞋子

She has lots of shoes.
她有許多鞋子。

**shop
n. 商店

Let's go to the dress shop.
咱們去服裝店。

☑ ****shopkeeper**
n. 店主；店東

Pay the shopkeeper.
付錢給店家老闆。

☑ **shoot**
v. 射擊；開槍

Don't shoot!
別開槍！

☑ **shore**
n. 海岸

The sea is rough, so don't go close to the shore.
海邊崎嶇，所以不要靠近海岸。

☑ ****short**
adj. 矮短的

He is very short.
他很矮。

☑ **shorts**
n. 短褲

I never wear shorts.
我從不穿短褲。

☑ ****should**
aux. v. 應該

What should I do?
我應該做什麼？

☑ ****shoulder**
n. 肩膀

She likes shoulder straps.
她喜歡肩帶。

☑ **shout**
v. 喊叫

Don't shout.
不要叫。

☐ **show**
v. 顯示；出示；n. 表演

Show me your homework.
給我看你的家庭作業。

☐ **shower**
n. ; v. 淋浴

Take a shower before bed.
上床前請先洗澡。

☐ **shrimp**
n. 小蝦子

I love shrimp.
我喜歡小蝦子。

☐ **shut**
v. 關上

Shut the door.
關門。

☐ **shy**
adj. 害羞的

She's shy with strangers.
她怕生。

☐ **sick**
adj. 有病的

I was sick yesterday.
我昨天生病。

☐ **side**
n. 邊

Who's side are you on?
你站在哪一邊？

☐ **sidewalk**
n. 人行道

We sat in a sidewalk café.
我們在路邊咖啡廳坐著。

☑ **sight**
n. 眼界；視野

Out of sight; out of mind.
日久情疏。

☑ **sign**
n. 號誌；v. 簽名

Turn left at the stop sign.
在停止號誌左轉。

☑ **silence**
n. 沉默

Silence is golden.
沉默是金。

☑ **silent**
adj. 沉默的

Please be silent during the movie.
看電影時請保持安靜。

☑ **silly**
adj. 愚蠢的；可笑的

Don't be silly
別傻了！

☑ **silver**
n. ; adj. 銀

She wants gold and silver.
她想要金和銀。

☑ **similar**
adj. 類似的

I have a similar bag.
我有一個類似的袋子。

☑ ****simple**
adj. 簡單的；單純的

My grandfather was just a simple farmer.
我的祖父只是一位單純的農夫。

☐ **since**
prep. ; conj. 自從

I have learned a lot since then.
自那時起，我已學習許多。

☐ **sincere**
adj. 誠摯的

I am sincere.
我是真誠的。

☐ **sing**
v. 唱歌

She likes to sing in the showers.
她喜歡在洗澡時唱歌。

☐ **singer**
n. 歌手

She's my favorite singer.
她是我最喜歡的歌手。

☐ **single**
adj. ; n. 單一的；一個的

I ate a single bun.
我吃了一個圓麵包。

☐ **sink**
n. 洗手槽；v. 沉入

Wash your hands in the sink.
到洗手槽洗你的手。

☐ **sir**
n. 爵士；先生（尊稱）

You should address a knight as "sir".
你應該稱 "knight" 為爵士。

☐ **sister**
n. 姊姊；妹妹

My sister is older than me.
我的姊姊比我年紀大。

☑ **sit**
v. 坐

Sit next to me, please.
請坐在我旁邊。

☑ **six**
n. ; adj. 六

Six is half a dozen.
六是十二的一半

☑ **sixteen**
n. ; adj. 十六

She is sweet sixteen.
她正值青春的十六歲。

☑ **sixteenth**
n. ; adj. 第十六

I finished sixteenth.
我完成第十六項。

☑ **sixth**
n. ; adj. 第六

He's in the sixth grade.
他現在讀六年級。

☑ **sixty**
n. ; adj. 六十

Sixty is the speed limit.
六十是速限。

☑ **size**
n. 大小；尺寸

What size of shoes do you need?
你需要幾號鞋？

☑ **skate**
v. 溜冰

Let's go ice skating.
咱們去溜冰。

☐ **ski**
v. 滑雪

We go skiing every winter.
我們每年冬天去滑雪。

☐ **skill**
n. 技巧

He has a great deal of skill.
他的技藝高強。

☐ **skillful**
adj. 有技巧的

The diplomat is very skillful.
這外交官手腕高明。

☐ **skin**
n. 皮膚

I have a dark skin.
我的皮膚黝黑。

☐ **skinny**
adj. 很瘦的

She is too skinny for me.
對我而言，她太瘦了！

☐ ****skirt**
n. 裙子

She wore a plaid skirt.
她穿了一件格子裙。

☐ ****sky**
n. 天空

I love the blue sky.
我喜歡藍天。

☐ ****sleep**
v. 睡覺

I went to sleep fast.
我很快去睡覺。

☐ **sleepy**
adj. 想睡的

All students get sleepy in the classroom.
所有學生在教室裡，都是想睡覺。

☐ **slender**
adj. 纖細的

She is as slender as a reed.
她如蘆葦桿一般纖細。

☐ **slide**
v. 滑入；n. 滑道

Slide over for me.
替我把這滑進去。

☐ **slim**
adj. 細長的；纖弱的

She is very slim.
她非常纖弱。

☐ **slippers**
n. 拖鞋

Use slippers in the house.
在家穿拖鞋。

☐ ****slow**
adj. 緩慢的

I'm a slow walker.
我走路緩慢。

☐ ****small**
adj. 小的

She wants a small dog.
她想要一隻小狗。

☐ ****smart**
adj. 漂亮的；聰明的

She did the smart thing.
她做事做得漂亮。

smell
v. 聞；嗅出

Do you smell the lemons?
你聞到檸檬味了嗎？

smile
n.；v. 微笑

Smile for the camera.
對著鏡頭微笑。

smoke
v. 吸煙；n. 煙霧

You have to smoke outside.
你得到室外吸煙。

snack
n. 點心

Would you like a snack?
你想要點心嗎？

snail
n. 蝸牛

He moves as slow as a snail.
他像蝸牛一般的緩慢移動。

snake
n. 蛇

She hates snakes.
她討厭蛇。

sneakers
n. 膠底運動鞋

Sneakers are good for basketball.
膠底運動鞋適合打籃球。

sneaky
adj. 鬼祟的；卑劣的

He played a sneaky trick on her.
他對她開了一個卑劣的玩笑。

☑ ****snow**
n. ; v. 雪；下雪

I love playing in snow.
我喜歡在雪中嬉戲。

☑ **snowman**
n. 雪人

We built a snowman.
我們堆了一個雪人。

☑ **snowy**
adj. 下雪的；覆雪的

It's a snowy day.
這是一個下雪天。

☑ ****so**
adv. 如此地；很
conj. 因此

I'm so glad you came.
很高興你來。

☑ **soap**
n. 肥皂

The soap is not edible.
肥皂不能吃。

☑ **soccer**
n. 足球

Europeans call soccer, football.
歐洲人稱 "soccer" 為 "football"。

☑ **social**
n. ; adj. 交誼會；社會的

We met at a church social.
我們在交誼會中碰面。

☑ **society**
n. 社會

She moves in high society.
她進入了上流社會。

☑ **socks**
n. 襪子

I always wear black socks.
我總是穿黑襪子。

☑ **soda**
n. 汽水

Would you like a soda?
你要一罐汽水嗎？

☑ **sofa**
n. 沙發

Lay down on the sofa.
躺在沙發上。

☑ **soft drink**
n. 不含酒精的飲料

Coke is a popular soft drink.
可樂是受歡迎的飲料。

☑ **softball**
n. 壘球

We play softball on Sunday.
我們在星期天打壘球。

☑ **soldier**
n. 軍人

He's a soldier in the army.
他是一位陸軍軍人。

☑ **solve**
v. 解決

Can you solve this puzzle?
你能解決這個難題嗎？

☑ **some**
adj. ; pron. ; adv. 一些

Give me some.
給我一些。

**someone
(somebody)
pron. ; n. 某人

I met someone.
我與某人碰面。

**something
pron. ; n. 某物；某事

Did you cook something?
你在煮東西嗎？

**sometimes
adv. 有時

I go there sometimes.
我有時去那裡。

**somewhere
adv. 在某處

He went somewhere an hour ago.
一小時前，他去某處。

**son
n. 兒子

My son is six now.
我的兒子現在六歲。

**song
n. 歌曲

That's my favorite song.
那是我最喜歡的歌曲。

**soon
adv. 不久；快的

It will soon be typhoon season.
颱風季節很快就要來臨了。

**sore
adj. ; n. 痛苦；v. 痛

That's sore!
好痛！

☑ ****sorry**
adj. 對不起！難過的；遺憾的

Later he was sorry.
後來他就懊悔了。

☑ **soul**
n. 靈魂

Gina loves soul music.
吉娜喜歡靈魂樂。

☑ ****sound**
n. 聲音；v. 聽起來

Follow the sound of the bell.
跟著鐘聲走。

☑ ****soup**
n. 湯

Hot soup is good on a cold day.
冷天喝熱湯很不錯。

☑ **sour**
adj. 有酸味的

She likes sour candy.
她喜歡有酸味的糖果。

☑ ****south**
adj.；n 南方（的）

The river flows south.
河流向南方。

☑ **soy-sauce**
n. 醬油

Soy-sauce is salty.
醬油有鹹味。

☑ ****space**
n. 空間；太空

I need more storage space.
我需要更多的儲藏空間。

☐ **spaghetti**
n. 義大利麵

Spaghetti is an Italian style noodle.
義大利麵是義大利式的麵條。

☐ ****speak**
v. 說

Speak slowly and clearly.
慢慢說；說清楚。

☐ **speaker**
n. 演講者

The speaker was very loud.
演講者說話大聲。

☐ ****special**
adj. 特別的

She's my special friend.
她是我的一位特別朋友。

☐ **speech**
n. 演講

He made a speech.
他發表演說。

☐ **speed**
n. 速度

Speed up please.
請加速。

☐ ****spell**
v. 拼（字）

Spell your words carefully.
小心拼字。

☐ ****spend**
v. 花用；花費

Be careful how you spend your money.
留意自己如何花錢。

☑ spider
n. 蜘蛛

A spider has eight legs.
蜘蛛有八隻腳。

☑ spirit
n. 精神；靈魂

She is a free spirit.
她是一位無拘無束的人。

☑ **spoon
n. 湯匙

I need a spoon to eat soup.
我需要一把湯匙來喝湯。

☑ **sports
n. 運動

He loves to watch sports.
他喜歡看運動。

☑ **spring
n. 春天

Spring is my favorite time of year.
春天是一年中我最喜愛的時光。

☑ **square
n. 廣場；正方形
adj. 方形的

A square has four sides.
正方形有四邊。

☑ stairs
n. 樓梯

There is a flight of stairs leading up to her room.
有一段樓梯通往她的房間。

☑ stamp
n. 郵票

Licking stamps may make you sick.
舔郵票可能會致病。

☑ ****stand**
v. 站立

Stand up when the teacher comes in.
老師進來要起立。

☑ ****star**
n. 星星；明星

It's the brightest star in the sky.
那是天空最明亮的一顆星。

☑ ****start**
v.；n. 發動；開始

Start the engine.
發動引擎。

☑ **state**
n. 國家；州

Which state have you visited?
你去過美國哪一州？

☑ ****station**
n. 車站

We met at the train station.
我們在火車站碰面。

☑ **stationery**
n. 文具；信紙

My stationery was stolen.
我的文具被偷了。

☑ ****stay**
v. 停留

Can you stay longer?
你可以停留久一些嗎？

☑ ****steak**
n. 牛排

I love eating steak.
我喜歡吃牛排。

☑ **steal**
v. 偷

I didn't steal anything.
我什麼也沒偷。

☑ **steam**
n. ; v. 蒸氣；蒸熱

I have a steam iron.
我有一個蒸氣熨斗。

☑ **step**
n. 腳步；v. 踏

Step by step.
一步一步來。

☑ ****still**
adv. 仍然

Is your friend still in the hospital?
你的朋友還在醫院嗎？

☑ **stingy**
adj. 吝嗇的

He is stingy with his money.
他用錢吝嗇。

☑ ****stomach**
n. 胃

My stomach is full.
我的胃撐飽了！

☑ **stomachache**
n. 胃痛

I have a stomachache.
我胃痛。

☑ **stone**
n. 石頭

I'm not your stepping-stone.
我不是你的墊腳石。

N O P Q R S T U V W X Y Z

☑ **stop**
v. 停止；n. 車站

Stop doing that.
住手。

☑ **store**
n.；v. 商店；貯藏

I bought it at the store.
我在商店買的。

☑ **storm**
n. 暴風雨

We are expecting a storm.
我們預期將會有一場暴風雨來臨。

☑ **stormy**
adj. 多風暴的

It's stormy today.
今天充滿風暴。

☑ **story**
n. 故事

I read that story.
我讀過那本故事。

☑ **stove**
n. 火爐

I cooked this on the stove.
我在火爐上煮食。

☑ **straight**
adj. 直的

Can you walk a straight line?
你可以走一直線嗎？

☑ **strange**
adj. 奇異的；奇怪的

He did a strange thing.
他做了一件怪事。

**stranger
n. 陌生人；外國人

I'm a stranger here.
我第一次來這裡。

straw
n. 吸管；稻草；麥桿

I drink soda with a straw.
我用吸管喝汽水。

strawberry
n. 草莓

She baked a strawberry pie.
她烤了一個草莓派。

stream
n. 溪流

The stream flows into a river.
溪流流入河裡。

**street
n. 街道

It's just down the street.
就在這條街道往下走的地方。

strike
n. ; v. 罷工

The workers are on strike.
工人在罷工。

**strong
adj. 強壯的

He has strong arms.
他有強壯的手臂。

**student
n. 學生

She is a good student.
她是一位好學生。

☑ ****study**
v. ; n. 研讀

I need to study for the test.
我必須為考試讀書。

☑ ****stupid**
adj. 愚蠢的

I did something stupid.
我做了一件蠢事。

☑ **style**
n. 時尚；風格

His clothes are in style.
他的衣服很時髦。

☑ **subject**
n. 主題；v. 使服從

What's your favorite subject?
你最喜歡哪一個科目？

☑ **subway**
n. 地鐵

I ride the subway to work.
我搭地鐵上班。

☑ **succeed**
v. 成功

You must work hard to succeed.
你必須努力達到成功。

☑ **success**
n. 成功

The party was a success.
派對辦得很成功。

☑ ****successful**
adj. 成功的

He is a successful writer.
他是一位成功的作家。

☐ **such**
adj. 如此的；非常的

He's such a good boy.
他是一位非常好的男孩。

☐ **sudden**
adj. 突然的；出乎意料之外的；n. 意外

Sudden movement scares him.
突然的移動嚇到了他一跳。

☐ ****sugar**
n. 糖

Sugar is sweet.
糖是甜的。

☐ **suggest**
v. 建議

He suggested that I quit.
他建議我辭職。

☐ **suit**
n.；v. 套裝；適合

Wear your blue suit.
穿上你的藍色套裝。

☐ ****summer**
n. 夏季

Summer vacation starts in June.
暑假從六月開始。

☐ ****sun**
n. 太陽

Clouds hid the sun.
雲層遮蔽了太陽。

☐ ****Sunday**
n. 星期日

Sunday is our family day.
星期日是我們的家庭日。

☑ ****sunny**
adj. 陽光充足的

It's a beautiful, sunny day.
這是亮麗的、陽光充足的一日。

☑ **super**
adj. 超級

How about this one? Super cool!
這個怎樣？超酷的！

☑ ****supermarket**
n. 超級市場

We went to the supermarket.
我們去超級市場。

☑ **supper**
n. 晚餐

We ate a late supper.
我們較遲吃晚餐。

☑ **support**
v.; n. 支持

Your support leads me on.
你的支持讓我撐下去。

☑ ****sure**
adj. 確信的

Are you sure?
你確定嗎？

☑ **surf**
adj. ; v. 表面；衝浪

Let's go surfing!
咱們去衝浪！

☑ ****surprise**
v. 驚訝；n. 驚喜

It is a nice surprised to see you here.
很驚訝在這裡能看到你。

☐ **surprised**
adj. 感到驚奇的

The answer surprised him.
答案嚇了他一跳。

☐ **survive**
v. 經歷…仍然活著；倖存

I will survive the winter.
我可以在寒冬中存活。

☐ **swallow**
v. ; n. 吞；燕子

It hurts to swallow.
用吞的會痛。

☐ **swan**
n. 天鵝

The swan is a graceful bird.
天鵝是優雅的鳥類。

☐ **sweater**
n. 毛衣

Wear a warm sweater.
穿上溫暖的毛衣。

☐ **sweep**
v. 清掃；n. 揮盪

Please sweep the floor.
請掃地。

☐ **sweet**
adj. 甜的；n. 糖果

Grapes are sweet.
葡萄有甜味。

☐ **swim**
v. 游泳

Nobody wanted to swim during the storm.
沒有人要在暴風雨的時候游泳。

☑ swimsuit
n. 泳衣

She has several swimsuits.
她有好幾件泳衣。

☑ swing
n. 鞦韆；v. 搖擺

Go play on the swing.
去盪鞦韆。

☑ symbol
n. 象徵

The cross is a Christian symbol.
十字架是基督教的象徵。

☑ system
n. 系統

Warning! System error!
警告！系統故障！

MEMO

☐ **table**
n. 桌子

Sit at the table..
坐在桌子旁邊。

☐ **table tennis**
n. 桌球

We played table tennis.
我們打桌球。

☐ **tail**
n. 尾巴

The dog chased it's tail.
狗追著自己的尾巴玩。

☐ **Taiwan**
n. 台灣

Taiwan is a modern island.
台灣是一個現代化的島嶼。

☐ **take**
v. 取；拿去

Take all you want.
你要什麼，都拿走。

☐ **talent**
n. 才華

He has so many talents.
他真是才華洋溢！

☐ **talk**
v. ; n. 談話

Can we talk later?
我們可以稍後再談嗎？

☑ **talkative**
adj. 喜歡說話的；健談的

She is very talkative.
她十分多話。

☑ **tall**
adj. 高的

He is very tall.
他很高。

☑ **tangerine**
n. 橘子

The tangerine was ripe.
橘子成熟了。

☑ **tank**
n. 水槽

The tank is full or water.
水槽內裝滿了水。

☑ **tape**
n. 錄音帶

I have it on tape.
我收錄在錄音帶裡。

☑ **taste**
n. 味道；v. 嚐

I love the taste of fish.
我喜歡魚的味道。

☑ **taxi**
n. 計程車

We took a taxi home.
我們搭計程車回家。

☑ **tea**
n. 茶

Would you like some tea?
你想要喝茶嗎？

☑ **teach**
v. 教

What subject do you teach?
你教哪一科？

☑ **teacher**
n. 老師

She's a good teacher.
她是一位好老師。

☑ **team**
n. 團隊

There are nine men on a baseball team.
棒球隊有九個球員。

☑ **teapot**
n. 茶壺

Warm the teapot first.
先熱一熱茶壺。

☑ **tear**
v. 撕裂；n. 眼淚

Tear it up and throw it away.
撕碎，然後丟掉。

☑ **teenager**
n. 十幾歲的少年

You become a teenager at thirteen.
你在十三歲時，就是青少年。

☑ **telephone**
(phone)
n.；v.（打）電話

Her telephone was busy.
她的電話忙線中。

☑ **television** (TV)
n. 電視

May we watch television?
我們可以看電視嗎？

☑ **tell**
v. 告訴；說

May I tell you a secret？
我可以告訴你一個秘密嗎？

☑ **temperature**
n. 溫度

The temperature is very high.
溫度很高。

☑ **temple**
n. 廟

We prayed at the temple.
我們在廟裡祈福。

☑ ****ten**
n. ; adj. 十

I can count to ten.
我可以數到十。

☑ ****tennis**
n. 網球

She plays tennis on Sunday.
她在星期日打網球。

☑ **tent**
n. 帳棚

Soldiers sleep in a tent.
軍人睡在帳棚裡。

☑ ****tenth**
n. ; adj. 第十

November tenth is my birthday.
十一月十日是我的生日。

☑ **term**
n. 學期

I will finish the term.
我會唸完這學期。

☐ **terrible**
adj. 可怕的

She has a terrible temper.
她的脾氣很可怕。

☐ **terrific**
adj. 很棒的

This cake is terrific!
這蛋糕很棒！

☐ ****test**
n. 考試；v. 試驗

The test was hard.
考試很難。

☐ **textbook**
n. 課本

I learned from my textbook.
我從課本中學會。

☐ ****than**
conj. ; prep. ～比

Yours is bigger than mine.
你的比我大。

☐ ****thank**
n. ; v. 感謝

I want to thank you for all your help.
我想要感謝你的幫忙。

☐ **Thanksgiving**
n. 感恩節

Thanksgiving is an American holiday.
感恩節是美國人的節日。

☐ ****that**
adj. ; pron. 那（個）

What is that?
那是什麼？

☐ ****the**
article ; pron. 那；這

Give me the ball.
給我那個球。

☐ ****theater**
n. 戲院

I stood at the back of the theater.
我站在戲院的後方。

☐ ****then**
adv. 那時

I went to the store, then I went home?
我去商店，然後就回家了。

☐ ****there**
adv. 那裡

There is a round window in the door.
門上有個圓形的窗戶。

☐ **therefore**
adv. 因此

He's bad; therefore, he was punished.
他因為不乖，所以被處罰。

☐ ****these**
pron. ; adj. 這些；這些的

What are these?
這些是什麼？

☐ ****they** (them, their, theirs, themselves)
pron. ; n. 他們

Where did they go?
他們去哪裡？

☐ **thick**
adj. 厚的

My mother has very thick hair.
我母親的頭髮很豐厚。

☑ **thief**
n. 賊

A thief took my car.
賊偷走了我的車。

☑ ****thin**
adj. 細的；瘦的

She is very thin.
她非常瘦。

☑ ****thing**
n. 物；事

Give the thing to him.
把這東西交給他。

☑ ****think**
v. 想

Think before you act.
三思而後行。

☑ ****third**
adj. ; n. 第三

That's my third piece.
那是我的第三件物品。

☑ ****thirsty**
adj. 口渴的；乾燥的

I'm thirsty.
我口渴了。

☑ ****thirteen**
adj. ; n. 十三

A baker's dozen is thirteen.
"Baker's dozen" 是指十三。

☑ **thirteenth**
adj. ; n. 第十三

Some people think Friday the thirteenth is unlucky.
有些人認為十三號星期五不吉利。

☑ **thirtieth**
adj. ; n. 第三十

It's our thirtieth year together.
這是我們在一起的第三十年。

☑ ****thirty**
adj. ; n. 三十

I will be thirty tomorrow.
我明天就三十歲了！

☑ ****this**
pron. ; adj. 這（個）

This is mine.
這是我的。

☑ ****those**
pron. ; adj. 這些

Those were good times.
那些美好的時光。

☑ ****though** (although)
conj. ; adv. 雖然

Though I may fail, I will try.
雖然我可能會失敗，但我仍要嘗試。

☑ **thought**
v. 想；n. 想法

I thought you liked him.
我想你喜歡他。

☑ ****thousand**
adj. ; n. 千

It costs a thousand dollars.
值一千元。

☑ ****three**
adj. ; n. 三

And baby makes three.
嬰孩邁向三歲。

☑ **throat**
n. 喉嚨

I have a sore throat.
我的喉嚨痛。

☑ **through**
prep. ; adv. 穿過

Look through the glass.
從玻璃看過去。

☑ **throw**
v. 擲；丟

Throw out the trash.
把垃圾丟掉。

☑ **thumb**
n. 拇指

Thumbs up, means it's good.
伸出大拇指，表示很棒。

☑ **thunder**
n. 雷聲；打雷
V. 發出轟隆聲

I heard the thunder.
我聽到雷聲。

☑ ****Thursday**
n. 星期四

I'll pay you on Thursday.
我星期四會付你錢。

☑ ****ticket**
n. 票；車票

I've got a ticket for you.
我替你拿到了一張票。

☑ **tidy**
adj. 整齊的

She is neat and tidy.
她十分的整齊清潔。

☑ **tie**
v. ; n. 綁；結

Tie this for me.
替我把這個綁起來。

☑ **tiger**
n. 老虎

The tiger has stripes.
老虎有條紋。

☑ **till**
n. 錢箱
prep. ; conj. 直到～

She rang my purchase up on the till.
她將我所購買的金額鍵入收銀機。

☑ **time**
n. 時間

What time is it?
幾點鐘？

☑ **tiny**
adj. 微小的

Give me a tiny bit more.
再給我一些些。

☑ **tip**
n. 訣竅

What's the tip?
訣竅是什麼？

☑ **tired**
adj. 疲倦的；累的

I'm too tired to go.
我累得走不動。

☑ **title**
n. 書名；標題

What is the book's title?
這本書的書名是什麼？

☑ ****to**
prep. ; adv. 到

Go to bed.
上床去睡覺。

☑ **toast**
v. 烤；n. 烤土司；敬酒

Did you toast the bread？
你烤麵包了嗎？

☑ ****today**
n. ; adj. ; adv. 今天

What did you do today？
你今天做了什麼？

☑ **toe**
n. 腳趾

You stepped on my toe.
你踩到我的腳趾了。

☑ **tofu**
n. 豆腐

Tofu is made from soy beans.
豆腐是由大豆製成的。

☑ ****together**
adv. ; adj. 一起

Sing together!
一起唱！

☑ **toilet**
n. 廁所

May I go to the toilet?
我可以上廁所嗎？

☑ ****tomato**
n. 番茄

I like tomato ketchup.
我喜歡番茄醬。

☑ ****tomorrow**
n. ; adv. 明天

I will be in school tomorrow.
明天我會在學校。

☑ **tongue**
n. 舌頭

I bit my tongue.
我咬到自己的舌頭。

☑ ****tonight**
n. ; adv. 今晚

What do you want for supper tonight?
你今晚要吃什麼？

☑ ****too**
adv. 也

Do you want one too?
你也想要一個嗎？

☑ **tool**
n. 工具

I need a special tool.
我需要一個特別的工具。

☑ ****tooth**
n. 牙齒

I chipped my front tooth.
我摔斷了門牙。

☑ **toothache**
n. 牙痛

The dentist fixed my toothache.
牙醫治了我的牙痛。

☑ **toothbrush**
n. 牙刷

He cleaned it with a tooth brush.
他用牙刷清洗。

☑ **top**
n. 頂端

Who's on the top of the world?
誰是世界第一呢？

☑ **topic**
n. 論題；主題

We discussed that topic yesterday.
我們昨天討論過那個主題。

☑ **total**
n. 總數；adj. 總共的

The total isn't correct.
這總額有錯。

☑ ****touch**
n. ; v. 觸碰

Don't touch the flowers.
不要摸花。

☑ **toward**
prep. ; adj. 朝向

Move toward the door.
向門邊移動。

☑ ****towel**
n. 毛巾

I need a dry towel.
我需要一條乾毛巾。

☑ **tower**
n. 塔；高樓

The restaurant is on top of the tower.
餐廳位於塔頂 (頂樓)。

☑ ****town**
n. 小鎮

We went to town yesterday.
我們昨天到小鎮去。

☑ ****toy**
n. 玩具

I gave him a toy for Christmas.
我給他一個聖誕玩具。

☑ **trace**
n. ; v. 足跡；追蹤

He left without a trace.
他離開，不知去向。

☑ **trade**
v. 交換；n. 交易

I'll trade my book for yours.
我要拿我的書換你的書。

☑ **tradition**
n. 傳統

It's a tradition passed down through the ages.
那是代代相傳的傳統。

☑ **traditional**
adj. 傳統的

He used traditional medicine.
他沿用傳統的藥。

☑ ****traffic**
n. 交通；旅客

The traffic moved quickly.
交通很順暢。

☑ ****train**
n. 火車

The train is on time.
火車很準時。

☑ **trap**
n. 陷阱；v. 陷害

The mouse was caught in the trap.
老鼠被陷阱抓住。

☑ **trash**
n. 垃圾

What you said is all trash!
你說的都是垃圾！

☑ **travel**
v. ; n. 旅遊

Did you enjoy your travels?
你的旅行愉快嗎？

☑ **treasure**
v. 珍藏 ; n. 寶物

I treasure the memory.
我珍藏記憶。

☑ **treat**
v. ; n. 對待

The law must treat everyone the same.
法律必須對所有人一視同仁。

☑ ****tree**
n. 樹

My cat climbed the tree.
我的貓會爬樹。

☑ **triangle**
adj. ; n. 三角形（的）

A triangle has three sides.
三角形有三邊。

☑ **trick**
v. 耍花招 ; n. 把戲

Treat or trick!
給糖果，不然就惡作劇！

☑ ****trip**
n. ; v. 旅行

We took a trip to Europe.
我們到歐洲旅行。

☑ ****trouble**
v. ; n. 困難;難題;麻煩

He caused trouble at the meeting.
他在會議中惹了麻煩。

☑ **trousers**
n. 褲子

His trousers are too short.
他的褲子太短。

☑ ****truck**
n. 卡車

The delivery truck came early.
運輸車很早到達!

☑ ****true**
adj. 真的

Is that true?
那是真的嗎?

☑ **trumpet**
n. 喇叭

I play the trumpet in a band.
我在樂隊中演奏喇叭。

☑ **trust**
n. ; v. 信任

I trust her skill.
我相信她的技術。

☑ **truth**
n. 事實;真相

Tell me the truth.
告訴我真相。

☑ ****try**
v. ; n. 嘗試;努力

Try to be on time.
盡量準時。

☐ **T-shirt**
n. 圓領汗衫；T 恤

Put on a clean T-shirt.
穿上乾淨的圓領汗衫。

☐ **tub**
n. 浴盆

Fill the tub with hot water.
將浴盆內裝滿熱水。

☐ ****Tuesday**
n. 星期二

Can we meet Tuesday ?
我們能在星期二碰面嗎？

☐ **tunnel**
n. 地道

The tunnel goes through the mountain.
地道穿越了那座山。

☐ **turkey**
n. 火雞

We ate roast turkey for Thanksgiving.
我們在感恩節吃烤火雞。

☐ ****turn**
v. 翻轉；n.（一）輪

Turn the page.
請翻頁。

☐ **turtle**
n. 烏龜

Turtles lay their eggs on the beach.
烏龜在海邊下蛋。

☐ **twelfth**
adj.；n. 第十二

I finished in twelfth place.
我第十二個完成。

**twelve
adj. ; n. 十二

There are twelve eggs in a dozen.
一打的蛋有十二個。

twentieth
adj. ; n. 第二十

This is my twentieth try.
這是我第二十次嘗試了！

**twenty
adj. ; n. 二十

He scored twenty points.
他得了二十分。

twice
adv. 兩次

I've told you twice!
我跟你說過兩次了！

**two
adj. ; n. 二

You and I make two.
你和我成一對。

type
n. 類型；樣式；v. 打字

What type of car was it?
那輛車是什麼款式？

**typhoon
n. 颱風

A typhoon is a big storm
颱風是大型的暴風雨。

U

MP3-22

☑ **ugly**
adj. 醜的

She was an ugly duckling.
她是一隻醜小鴨。

☑ **umbrella**
n. 雨傘

I forgot my umbrella at work.
我把雨傘遺落在工作的地方。

☑ **uncle**
n. 伯父；叔父

My uncle has a car.
我的（伯）叔父有一輛車。

☑ **under**
prep.；adv. 在…下

Sit under the tree with me.
和我一起坐在樹下。

☑ **underlie**
v. 由於；成為…原因

I wonder what motives underlie his deeds.
我懷疑他行為背後的動機。

☑ **underpass**
n. 地下道路

The underpass is shorter.
這條地下道較短。

☑ **understand**
v. 了解

Do you understand the theory?
你了解那個理論嗎？

☐ **underwear**
n. 內衣

I prefer cotton underwear.
我比較喜歡棉內衣。

☐ ****unhappy**
adj. 不高興的

Her answer made him unhappy.
她的答案令他不高興。

☐ ****uniform**
n. 制服

I like wearing my uniform.
我喜歡穿我的制服。

☐ **unique**
adj. 獨特的

He's a unique player.
他是一位獨特的選手。

☐ **universe**
n. 宇宙

It's a vast universe.
這是一個寬廣的宇宙。

☐ **university**
n. 大學

Have you heard of National Central University?
你聽過中央大學嗎？

☐ ****until**
conj. ; prep. 直到

Wait until dark.
一直等到天黑。

☐ ****up**
prep. ; adv. 向上地
adj. 上面的

Get up soon.
快起來！

☐ **upon**
prep. 在…之上

Once upon a time.
很久很久以前。

☐ **upper**
prep. 在～之上；
adj. 上面的

My upper arm hurts.
我的上手臂痛。

☐ **upstairs**
adv. ; adj. ; n. 樓上

The bedrooms are upstairs.
寢室在樓上。

☐ ****USA**
(the United States of America)
n. 美國

This shirt is made in the USA.
這襯衫是美國製的。

☐ ****use**
v. ; n. 使用；運用

I can use your skills.
我可以使用你的技巧。

☐ ****useful**
adj. 有用的

His advice was useful
他的建議頗為受用。

☐ **usual**
adj. 平常的；一向的

I'll charge my usual fee.
我要收取我一向要求的費用。

☐ ****usually**
adv. 經常

We usually go to the seashore.
我們經常去海邊。

☐ ****vacation**
n. 休假

I took a two week vacation.
我休了兩星期的假。

☐ **Valentine**
n. 情人節；情人

Will you be my Valentine?
你願意當我的情人嗎？

☐ **valley**
n. 山谷

The river runs through the valley.
河流流經山谷。

☐ **valuable**
adj. 寶貴的

She learned a valuable lesson.
她學會了寶貴的一課。

☐ **value**
n. 價值；價錢；v. 衡量

The price is reasonable, it's good value.
這價錢合理；因此這東西物美價廉。。

☐ ****vegetable**
n. 蔬菜；植物

We have a vegetable garden.
我們有一座菜園。

☐ **vendor**
n. 攤販

This vendor isn't honest.
這小販不誠實。

☑ ****very**
adv. ; adj. 很；正是

I am very happy to see you.
我很高興見到你。

☑ **vest**
n. 背心

He wore a vest under his suit coat.
他在西裝外套內穿了一件背心。

☑ **victory**
n. 勝利

He won an easy victory.
他輕易贏得了勝利。

☑ ****video**
n. ;adj. 電視錄影（的）

I bought the video.
我買了錄放影機。

☑ **village**
n. 村

I live in a small village.
我住在小村子裡。

☑ **vinegar**
n. 醋

The wine turned into vinegar.
酒氧化了會變成醋。

☑ **violin**
n. 小提琴

The violin section is the largest.
小提琴的樂節佔最大部分。

☑ ****visit**
v. ; n. 拜訪

I went to visit my sisiter.
我去拜訪了我的姊妹。

☑ **visitor**
n. 訪客

You have a visitor.
你有一位訪客。

☑ **vocabulary**
n. 字彙

She has a large vocabulary.
她認識的字彙很多。

☑ ****voice**
n. 聲音

She has a soft gentle voice.
她擁有溫和、輕柔的嗓音。

☑ **volleyball**
n. 排球

We play volleyball every Sunday.
我們每星期日打排球。

☑ **vote**
n. ; v. 投票

I vote in every election.
我每次選舉都去投票。

MEMO

MP3-24

☐ **waist**
n. 腰;腰部

She has a very small waist.
她的腰非常細。

☐ ****wait**
v. 等待

Please wait for me.
請等我。

☐ ****waiter**
n. 男服務生

The waiter took our order.
服務生替我們點餐。

☐ ****waitress**
n. 女服務生

The waitress is very pretty.
女服務生很漂亮。

☐ ****wake**
v. 醒;使醒來

When did you wake up?
你何時醒來?

☐ ****walk**
v. ; n. 走路;散步

I can walk to work.
我可以走路上班。

☐ **walkman**
n. 隨身聽

I listen to my walkman when I jog.
我慢跑時,聽隨身聽。

☐ ****wall**
n. 牆壁

Hang the picture on the wall.
將圖畫掛在牆壁上。

☐ **wallet**
n. 皮夾子

I put the money in my wallet.
我將錢放在皮夾子裡。

☐ ****want**
v. ; n. 想要

I want to go home.
我想要回家。

☐ **war**
n. 戰爭

Japan started World War II.
日本發動第二次世界大戰。

☐ ****warm**
adj. 溫暖的 ; v. 使溫暖

I have a warm blanket.
我有一件溫暖的毛毯。

☐ ****wash**
v. ; n. 清洗

Wash your hands.
清洗你的手。

☐ **waste**
n. ; v. 浪費

Don't waste food.
不要浪費食物。

☐ ****watch**
v. 看 ; n. 錶

Let's watch TV.
咱們看電視吧！

☑ **water**
n. 水

Please boil some water for tea.
請燒些水泡茶。

☑ **waterfalls**
n. 瀑布

Don't go chasing waterfalls.
別去追逐瀑布（量力而為）。

☑ **watermelon**
n. 西瓜

I love sweet juicy watermelon.
我喜歡甜而多汁的西瓜。

☑ **wave**
n. ; v. 浪；揮手

Wave good bye to Daddy.
揮手向父親道別。

☑ ****way**
n. 路；通路；方法

This is a one way street.
這是一條單向道。

☑ ****we**
(us, our, ours, ourselves)
pron. 我們

We won the game.
我們贏得比賽。

☑ ****weak**
adj. 虛弱的

The fever made her weak.
發燒使她的身體虛弱。

☑ ****wear**
v. 穿；n. 衣著

It's cold, so wear your sweater.
天氣冷，請穿上毛衣。

☑ ****weather**
n. 天氣

I hate rainy weather.
我討厭雨天。

☑ **wedding**
n. 婚禮

She was late for her wedding.
她在自己的婚禮中遲到。

☑ ****Wednesday**
n. 星期三

We met last Wednesday.
我們上星期三會面。

☑ ****week**
n. 星期；週

It was a busy week.
這是忙碌的一週。

☑ **weekday**
n. 工作天（週一到週五）

She isn't available every weekday.
她週一到週五都沒空。

☑ ****weekend**
n. 週末

We spent the weekend resting.
我們利用週末休息。

☑ **weight**
n. 重量

Fruit is sold by weight.
水果是秤重賣。

☑ ****welcome**
adj. 受歡迎的
v. ; interj. 歡迎

You're welcome to come along.
歡迎你一起來。

☑ **well**
adj. ; adv. 很；好

How well do you know him?
你多清楚他這個人？

☑ **west**
adj. ; n. 西方

The sun sets in the west.
太陽自西方落下。

☑ **wet**
adj. 濕的

I got wet in the rain.
我在雨中淋濕了。

☑ **whale**
n. 鯨魚

Whales are now protected.
現在鯨魚是保護動物。

☑ **what**
adv. ; adj. ; pron. ; interj.
什麼

What did you say?
你說什麼？

☑ **wheel**
n. 輪子；腳踏車

The wheel is a tool.
輪子（腳踏車）是一種工具。

☑ **when**
adv. ; conj. 何時

When did you get home?
你何時回家？

☑ **where**
adv. ; conj. 何處

Where did you go?
你去哪裡？

☑ **whether**
conj. 不論；是否

It's true, whether you like it or not.
不論你喜不喜歡，這是真的。

☑ **which**
pron. ; adj. 哪一個

Which one do you want?
你想要哪一個？

☐ **while**
n. ; conj. 一會兒；當⋯的時候

Go while you can.
你能走就走。

☑ **white**
adj. ; n. 白色（的）

The bride wore white.
新娘穿白色的禮服。

☑ **who**
pron. 誰

Who is there?
誰在那裡？

☐ **whole**
adj. 所有的

He ate the whole pie.
他把所有的派吃掉。

☑ **whose**
pron. 誰的

Whose book is that?
那是誰的書？

☑ **why**
adv. 為什麼

Why did you stop?
你為什麼停下來？

☐ **wide**
adj. 寬的

The river is wide and deep.
這條河既寬且深。

☐ ****wife**
n. 妻子

My wife gave me that.
我太太給我那個。

☐ **wild**
adj. 狂野的

This story is wild.
這故事很狂野。

☐ ****will (would)**
aux. v. 將要（會）
n. 意志

I will go with you.
我將和你一起去。

☐ ****win**
v. 贏

Did you win the game?
你贏得比賽了嗎？

☐ ****wind**
n. 風

Wind filled the sails.
迎風滿帆了。

☐ ****window**
n. 窗戶；視窗

My office has a window.
我的辦公室有一個窗戶。

☐ ****windy**
adj. 有風的；多風的

It's a windy day.
今天是多風的一天。

☑ **wing**
n. 翅膀

The bird has a broken wing.
這隻鳥有隻翅膀受傷了。。

☑ **winner**
n. 贏家

Who was the winner?
誰是贏家？

☑ ****winter**
n. 冬天

Winter is the rainy season.
冬天是雨季。

☑ ****wise**
adj. 明智的

He gave me some wise advice.
他提供我一些明智的建議。

☑ ****wish**
v. ; n. 希望

I wish you luck.
祝你好運。

☑ ****with**
prep. 隨著；和…一起

This bag goes with those shoes.
這袋子是跟那些鞋子搭配的。

☑ ****without**
prep. 沒有

You can't live without air.
沒有空氣，我們不能活。

☑ **wok**
n. 大鍋子

I cook in a wok.
我用大鍋子煮菜。

☑ **wolf**
n. 狼

My dog looks like a wolf.
我狗看起來像一隻狼。

☑ ****woman**
n. 女人

She is a good woman.
她是一位好女人。

☑ **women's room**
n. 女廁所

They went to the women's room.
她們去了女廁所。

☑ ****wonderful**
adj. 極好的；不可思議的

She did a wonderful job.
她表現得棒極了！

☑ **wood**
n. 木頭

He split a piece of wood.
他劈了一塊木頭。

☑ **woods**
n. 森林

We saw a deer in the woods.
我們在森林裡看見一隻鹿。

☑ ****word**
n. 單字

I translated the words from Chinese to English.
我將文字由中文翻譯成英文。

☑ ****work**
n. ; v. 工作

I started work early today.
我今天很早開始工作。

☐ ****workbook**
n. 練習簿

I completed my workbook assignment.
我做完練習簿的作業。

☐ ****worker**
n. 工作者；工人

She is an office worker.
她是一位白領工作者。

☐ ****world**
n. 世界

The band went on a world tour.
樂團繼續他們的世界巡迴表演。

☐ ****worry**
v. ; n. 擔憂

Don't worry, its OK.
別擔心，沒問題的。

☐ **wound**
n. 傷；創傷；v. 受傷

The doctor cleaned the wound.
醫生清洗傷口。

☐ ****wrist**
n. 手腕

I have a wrist watch.
我有一隻手錶。

☐ ****write**
v. 寫

Will you write a letter for me？
你願意替我寫一封信嗎？

☐ ****writer**
n. 作家

Tom Clancy is a good writer.
湯姆克蘭西是一位好作家。

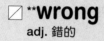
☐ **wrong**
adj. 錯的

I went the wrong way to school and got lost.
我去學校走錯路而迷路了。

MEMO

☐ **yard**
n. 庭院；碼

The kids' swing is in the back yard.
孩子們的鞦韆在後院。

☐ ****year**
n. 年

I was born in the year of the dragon.
我在龍年出生。

☐ ****yellow**
adj. ; n. 黃色（的）

Lemons are bright yellow.
檸檬是鮮黃色的。

☐ ****yes (yeah)**
adv. 是的；n. 贊成

Yes, I like that idea.
是的，我喜歡那個想法。

☐ ****yesterday**
n. ; adv. 昨天

We ate lunch there yesterday.
我們昨天在那裡吃午餐。

☐ ****yet**
adv. ;conj. 仍然；還…

The body has yet to be found.
人體還有許多奧秘有待發現。

☐ **you** (your, yours,
yourself, yourselves)
pron. 你（們）

I'm very happy to see you.
我很高興見到你（們）。

☑ **young**
adj. 年輕的

I'm not a young man anymore.
我已不再是年輕人了！

☑ **youth**
n. 年輕；年少

Grandpa tells us stories of his youth.
爺爺告訴我們他年少時的故事。

☑ **yummy**
adj. 味美的

Ice cream is a yummy treat.
冰淇淋是款待他人的可口食物。

MEMO

▶▶▶ **Z** ▶▶▶

MP3-26

☐ **zebra**
n. 斑馬

A zebra looks like a pony with stripes.
斑馬看起來像是有條紋的小馬。

☐ **zero**
n. 零

Our population has reached zero growth.
我們的人口達到零成長率。

☐ ****zoo**
n. 動物園

There are penguins at the zoo.
動物園裡有企鵝。

MEMO

國家圖書館出版品預行編目資料

國中會考英語單字 2000/ 張瑪麗, 湯姆斯合著.
-- 新北市：哈福企業有限公司, 2021.08
面；　公分. -- (英語系列；74)
ISBN 978-986-06114-6-5　(平裝)

1.CST: 英語教學　2.CST: 詞彙　3.CST: 中等教育
524.38　　　　　　　　　　110012352

免費下載QR Code音檔
行動學習，即刷即聽

國中會考英語單字 2000
（附 QR Code 線上音檔）

作者 / 張瑪麗·湯姆斯
出版單位 / 哈福企業有限公司
責任編輯 / Jocelyn Chang
封面設計 / 李秀英
內文排版 / 八十文創
出版者／哈福企業有限公司
地址／新北市淡水區民族路 110 巷 38 弄 7 號
電話／ (02) 2808-4587 傳真／ (02) 2808-6545
郵政劃撥／ 31598840 戶名／哈福企業有限公司
初版／ 2021 年 8 月
5 刷／ 2023 年 11 月
台幣定價／ 340 元 (附 MP3 線上音檔)
港幣定價／ 113 元 (附 MP3 線上音檔)

全球華文國際市場總代理／采舍國際有限公司
地址／新北市中和區中山路 2 段 366 巷 10 號 3 樓
電話／ (02) 8245-8786 傳真／ (02) 8245-8718
網址／ www.silkbook.com 新絲路華文網

香港澳門總經銷／和平圖書有限公司
地址／香港柴灣嘉業街 12 號百樂門大廈 17 樓
電話／ (852) 2804-6687 傳真／ (852) 2804-6409

email ／ welike8686@Gmail.com
網址／ Haa-net.com
facebook ／ Haa-net 哈福網路商城

Original Copyright © Dali & 3S Culture Co., Ltd.

電子書格式：PDF 檔